外国人にも話したくなるビジネスエリートが知っておきたい
教養としての日本食

日本和食考

連日本人都大驚奇的和食百科

永山久夫——著
邱香凝——譯

推薦序

了解日本料理的入門書

胡川安

二〇一三年對於日本人而言是值得慶賀的一年，富士山列為聯合國教科文組織中的「世界文化有形遺產」，而「和食」則被列為「非物質」的文化遺產。

非物質當然不是說「和食」是形而上、看不見的東西，而是「和食」存在日常生活之中，可以說是藏於民間、隨手可得。

在聯合國教科文組織的網頁上，將「和食」列為世界非物質文化遺產的原因在於「新鮮多樣的食材與尊重原汁原味」、「營養均衡的健康飲食生活」、「表現自然之美與四季變化」，以及「與新年等傳統儀式密切相關」。

台灣人對於日本料理十分熟悉，有過去的殖民傳統，也和台灣人喜歡到日本旅遊有關。我的祖父以前在鹿港養鰻魚，大量外銷日本。記憶中祖母殺鰻魚的時候，將木釘插在鰻魚的頭上，抓住尾巴，拉直後用把鋒利的刀將鰻魚切成平整的兩半。後來我才知道祖母這樣的刀工和「蒲燒」有關，即將鰻魚切開並剔除骨頭後，沾上醬油，串上竹籤加以燒烤。

或許是家庭的關係，還有自己喜歡美食與旅行。我在世界不同地方居住過，像是巴黎、紐約、東京，也探訪當地的美食。每個人對於什麼是美食，答案或許不同，有些人喜歡找餐廳、尋訪不同的美味店家；有些人翻閱美食雜誌，從米其林或是網路評鑑當中找資料；有些人則是尋訪各式各樣的山珍海味，從珍貴的食材中了解料理。

但是，我走的是一條不一樣的路。

或許因為我學的是歷史，也受過文化人類學的訓練，所以透過文化了解飲食，從歷史追尋料理的原點。

講到原點，大家想到的是什麼呢？

我先提幾個概念，大家或許都耳熟能詳：簡單、自然、無添加、當令當季……等都可以成為美味的原點，這些想法背後隱含的是一種「真」滋味，是自然本來的味道、是食材原初的滋味、是有季節感的風味。

除此之外，我也從神話當中找尋日本料理的原點。在《和食古早味》中，我認為日本料理的起點是一種宗教性的尊敬，從神話中理解日本天皇的權力來源，天皇因為掌握了稻米種作的祕密，而被賦予管理人間世界的權力。

因為和食有如此豐富的文化意涵，所以了解和食不只是從好吃或不好吃談起，可以從禮儀的傳承，了解日本人餐桌上的文化，或是座次象徵的意涵，以免在吃飯的時候有所冒犯。除此之外，大家看日劇的時候，也會看到日本吃麵的時候都要大聲吸麵條，背後的原因是什麼呢？這些都有一定的道理，從飲食當中看到文化的差異，認識我們所不知道的日本。

如果飲食有儀式般的啟示、是人間世界的起點，那麼，飲食就不只是每天的三餐而已，而是具有尊敬自然，尊重萬事萬物所生養的一切。從和食了解自然所孕育的食材，海裡、山裡所滋養的一切都是上天給予人間世界的禮物，必須加以珍視。知名的陶藝家，也是美食家北大路魯山人就說：

> 料理食材不知有幾千幾萬種，每一種都有獨特的原味。無論任何食材，都有其他食材無法取代的味道，這是創造出天地的自然力量。若說料理是為了活用食材的原味，那麼善用所有能利用的部分，才值得稱做料理。

《日本和食考》從不同的面相，由禮儀文化、烹煮方式、自然環境、養生功效、最後尋找到日本料理的根。本書每篇都短小精闢，很適合在閒暇時間閱讀，讀完了不僅增加知識，還可以在餐桌上成為聊天的好題材。

＊本文作者為國立中央大學中文系教授

推薦序

全方位理解和食文化的脈絡之書

徐銘志

從二〇二〇年初以來，世界巨變，從來也沒想過，說走就走的國外旅行會嘎然而止，特別是時不時就得哈日一下的行程。但也好在，那些旅行中的吉光片羽還烙印在我們的心裡，時不時拿出來回味溫習，也能稍稍解不能前進日本旅行的渴。

閱讀《日本和食考》這本書，也是如此，一面發出原來如此的認同、頻頻點頭之際，一面也想起了自己曾經踏遍日本的足跡。

或許是愛吃之人，從最北冬日白雪皚皚的北海道，到南端海島風情的石垣島，長達近二十年的日本旅行經驗中，總是離不開美食；也在一餐一餐之間，漸漸累積出對於日本文化的理解與認識。

猶記得，在還沒熟識日本飲食文化前上居酒屋，對於點菜流程、到餐前小菜（お通し，

Otoshi）根本一竅不通。店員送來的餐前小菜，不但不在菜單上，還讓人以為是店家招待，直到結帳時才發現是有計費的。若不理解居酒屋餐前小菜的文化時，是很容易造成誤會的。

至於，為什麼有這收費的餐前小菜？《日本和食考》有來龍去脈。

知道的越多，也就越來越能融入當地。點餐也是，進到居酒屋或日本餐廳，除了立即奉上的小菜、熱毛巾外，菜單才剛到手，店員往往站在一旁等待。不了解的人便會苦惱：明明才剛拿到菜單，怎麼可能就直接點餐？

其實，進到日本餐廳，通常一入座會先點飲料酒水，店員端上的速度也頗快，彷彿這杯子碰撞、互道乾杯的儀式是不可或缺的暖場。而至於需要點的菜色，則在點完飲品後，慢慢再看即可。

我也發現，日本人很愛在開場第一杯喝生啤酒，屁股一坐下，連飲料菜單都不看，就直接說：生（是的，連啤酒也不說省略了）！有樣學樣，每當我喊出「生」這個字，多少有駕輕就熟的成就感。

《日本和食考》這本書還寫了更多不為人知的飲食脈絡。像是，居酒屋常見的毛豆，其實能成為啤酒的好搭檔是有科學根據的，「毛豆含有促進酒精分解的甲硫胺酸，以及能分解酒精中糖分的維他命B_1和恢復肝功能的島胺酸，具有防止宿醉及消除疲勞的效果。」

看完這本書，還必須對日本人詮釋與轉換的能力感到欽佩。不少書裡提到的飲食，最初都不是來自本地，而源於國外。

壽司一般認為是從東南亞所傳入，在江戶時代所流傳起來的；炸豬排是從法國菜而來，然而最終的面目，卻與來源大大不同，且成為反攻全球的日本庶民美味；天麩羅從「船來品」，變成日本代表性的油炸料理；就連京都流行的金平糖，都是由傳教士帶到日本的西洋點心，只不過後來日本的職人精神，又將其改變為星芒狀，製作難度倍增。好似日本跑在全球化的前端，卻又將全球化的產物在地化後，再次推向全球化的舞台。

當日本的清酒出現在紐約、歐洲的高級餐廳；當和食被列入世界非物質文化遺產，和食，已成為顯學。就連最近我的京都作家朋友也出版了一本日英對照的和食書籍，以插畫和簡短文字闡述代表性和食，放眼世界的野心顯而易見。對照《日本和食考》便發現，雖然兩本書籍架構與概念不盡相同，書裡的和食卻是諸多雷同，從丼飯、壽司、鰻魚飯，到烏龍麵、蕎麥麵等。

我喜歡和食被列入世界非物質文化遺產的幾大理由：一，尊重天然食材的多樣性與味道；二，從健康出發的均衡飲食；三，展現自然之美與季節推移；四，和傳統節慶緊密結合。從這些角度出發，再對照《日本和食考》而讀，便能更全面的理解和食文化的脈絡。

紙上神遊，還是不過癮？反正食材供應鏈都已是全球化底下的一環，那就自己動動手，來場舌尖上的日本行吧！

＊本文作者為飲食旅遊作家，著有《私・京都100選》、《暖食餐桌，在我家》

推薦序

螺蛳拜恩

填飽肚子，也要餵足腦袋，讓大腦來趟豐盛的日本美食之旅吧！

兒時至日本旅遊，曾對當地飲食水土不服，為何便當是冷的？在台灣，便當一定得趁熱吃，加熱加到排骨全家火燒厝的程度才好吃，冷便當食之無味，棄之可惜。再者，為何便當內皆為一格格甜甜鹹鹹的小菜，沒有橫跨大峽谷的炸雞腿或紅燒爌肉？羊栖菜、牛蒡、黑豆算什麼配菜？缺乏豪華主菜的便當我不依我不依（滿地打滾a）～

初次文化衝擊讓年幼無知的我開始餐餐吃泡麵，內心發誓此生和日本料理勢不兩立、絕不和解！

孰料堅持沒兩天，便被入口即化的酥脆天婦羅征服，在柔嫩多汁的炸豬排上翩翩起舞，甜而不膩的和果子更成為心頭好，至今三天兩頭就想買個芳香彈牙的櫻餅解解饞，做為勤奮工作之犒賞。

如今不用去當地，也能嘗到各式美味日本料理，日式咖哩飯、拉麵、壽司、生魚片等充斥於人們生活中，千絲萬縷，難分難解。然大啖美食之際，我們很少思考，為什麼飯糰是三角形？為什麼日本膳食中有許多醃漬蔬菜和佃煮？羊羹從字面上看來明明就是葷食，為什麼和甜點扯上關係？

長大成人後，我們不再像童年時期樂於探索周遭事物，習於不帶疑問地全盤接受現成事物。

然而，人類學家張光直曾言：「到達一個文化核心的最佳途徑之一，就是通過它的肚子。」難道你不好奇上述問題有何解答？眼前讓人垂涎欲滴的鰻魚飯、章魚燒，蘊藏了何種歷史與文化？品嘗匠人烹調的懷石料理，饕客的眼、鼻、舌、胃、心都被滿足了，但大腦仍舊感到飢渴，或許是時候填飽我們的大腦，讓它來一趟日本美食之旅了。

本書《日本和食考》不但一一回答了上述疑問，連各種日本人自身都難解的疑惑，亦於書中獲得詳盡解答。全書以輕快節奏行筆，分門別類將和食文化劃分為「用餐禮節」、「料理訣竅」、「吃出健康」、「食物背後的文化根源」，以及與飲食習慣息息相關的「信仰與歷史演變」。

內容考據嚴謹，由淺入深，循序漸進，將豐富龐大的知識系統生活化、輕鬆化、趣味化，並以圖文並茂之方式，配合文章佐以一幅幅詳細圖解，和反應當代風土民情的浮世繪，將源遠流長的複雜飲食文化史烹調至「易消化」、「好入口」且「色香味俱全」，一翻開書頁，滿桌盡陳包羅萬象、色彩紛呈之一流好菜，不禁食指大動、躍躍欲試。

謹慎的日本人規矩特別多，即便同屬使用筷子的東方文化，用筷學問卻大不同，提及餐桌禮儀，作者殷殷提醒，在日本友人家中用餐時，切記勿用筷子插食物、翻找菜餚、咬筷子等行為，但似乎未禁止把筷子插在鼻孔裡，作為茶餘飯後娛樂賓主之用，所以大家……還是把筷子放在筷架上，拜託你謝謝！

而「煮飯」這件小事，在慎重行事的日本人眼中可是堪比怪獸之王哥吉拉襲來的頭一等大事，正如蘇軾愛肉成癡題了首「慢著火、少著水，火候足時它自美」之《豬肉頌》，江戶時代出版的食譜《名飯部類》，亦載有針對本土產「粳稻」的專門炊飯訣竅，吃膩了過濕或過乾，老是結塊成球，讓人心梗如塞的米飯嗎？不妨試試獨門日式炊飯竅門，保證能煮出一鍋豐盈潤澤的好飯。

讀了本書後，雖不至於成為日本通，然親友聚餐之際，想必能信手捻來就是一則故事、一個習俗，一場歷史與美學的邂逅，顯示我們從頭到腳，徹徹底底是位讀書人，也不必擔心拜訪日本友人時失禮……

等等！你說要造訪的是京都人嗎？嗯，最好先確定他真的要請你喝茶，而不是婉轉曲折客套地表示：「你也該回家了吧⁉」

＊本文作者為暢銷書人氣作家

目次

第2章 匠心獨具！學習「和食料理」訣竅

第3章 食在養生！揭開和食蘊藏的祕密「效能」

第4章 原創再造！尋找日本料理的「根」

第5章 深入探究！日本人的「飲食習慣與信仰」

前言

追求極致美味的「和食」

日本有著美麗豐饒的風土，長久以來，生活其間的日本人也受著相同飲食文化的滋養。

簡單又美味的和食，對身體健康很有幫助。日本人是世界上最長壽的民族，這一點從日本的飲食也能一窺究竟。如今和食魅力擴散到全世界，其廣受矚目的程度，說是美味的無形世界文化遺產也不為過。

除了傳統和食，也有像拉麵或咖哩飯這類源自外國，之後走出日本獨特路線、發揚光大的料理。此外，近代日本人更以和食文化為基礎，發展出關東煮、燒肉、馬鈴薯燉肉等料理，足見和食至今仍在不斷進化中。

最近全世界販賣日本料理的餐廳增加，越來越多國家的人品嘗了那些料理後，開始對和食產生興趣。和食的魅力，同樣也吸引了烹飪的一方，現今世界各國主廚都在學習使用日本料理中以食材熬煮的湯頭。

那麼，日本人本身又是如何？全球化讓世界各地的人們更靠近，然而，當日本人被外國人問及「日本人的自我認同（Identify）是什麼」時卻回答不出來，這種事時有耳聞。

面對這種時刻，我們不妨將「和食」做為答案之一。在歐美，人們透過學習本國文化來確立自我認同；「飲食」當然是本國風土孕育出的文化之一，日本人在國際上建立自我認同時，談論本國飲食或許也是重要的一環。除了觀光之外，日本人在工作上接觸外國人士的機會也增加了，無論是國際商務工作者、一般民眾或學生，現今是從平常就該累積日本飲食相關知識的時代，這已是普遍的常識。

本書可說是為了因應這樣的時代，而誕生的「和食之國常識百科」。

比方說，愛乾淨的日本人為什麼會用手拿東西吃呢？吃蕎麥麵時大聲吸麵條的原因是什麼？書中不但解答了這些往往連日本人都回答不出的疑惑，更提及代表日本人「媽媽的味道」的馬鈴薯燉肉誕生時的祕密、每逢盛暑「土用丑之日」就要吃鰻魚的習俗由來等等，收錄了種類繁多的日本飲食相關知識。

書中的知識更可做為與外國人溝通時的話題，若讀者能運用本書內容，在面對外國人的疑問時當場給出答案，對我來說，再也沒有比這更開心的事了。

第

1

章

禮儀傳承！
一窺「大和之心」堂奧

想確實理解日本人，探究他們的精神根源，
或許能從日本的「禮儀規範」中找到線索。
本章將從日本傳統的禮儀規範，
探究「大和之心」的原始樣貌及美學意識。

いただきます

ITADAKIMASU

請容我享用

滿含感恩之意的
飯前寒暄語

◆不只是「我要吃了」而已

用餐前，日本人會先雙手合十說「請容我享用（いただきます）」。這對日本人而言，是從小自然而然養成的習慣。然而放眼世界，用餐前固定會說這類寒暄語的國家卻極為罕見。以法國來說，用餐前會說「Bon appétit」，但這是「請用」、「多吃點」的意思，和日本的「請容我享用」出發點正好相反。

事實上，用餐前說「請容我享用」是日本特有的禮儀，在國外幾乎找不到相同用法的詞彙。

那麼，這個「請容我享用」到底是什麼意思呢？

追根究柢，「いただきます」中動詞

「いただく」（漢字可寫成「頂く」或「戴く」）的由來，最早是為了表達對住在山頂的稻作之神的感謝心意。從神明住的山頂的「頂」，引申為將重要事物恭敬、虔誠高舉在頭上或往上捧的意思。

到了中世紀後，一般人從地位崇高的人手中接過東西，或食用供奉過神佛的供品時，會先將食物高舉過頭表示敬意後再行食用，「いただく」這個字漸漸成為「吃」的謙讓語，之後又演變為用餐前的慣用寒暄語「いただきます」。

由此可知，「請容我享用（いただきます）」這句話並非單指「準備吃東西了」的意思，也帶有對大自然的崇敬，感謝大自然將生命與自己分享（供自己食用）。稻米、蔬菜、魚類肉類……所有食材原本都有生命，人類等於是收下了他們的生命，自己的生命才得以維持，因此要心存感激。

此外，「請容我享用（いただきます）」這句話感謝的對象，還包括栽培及養育食材的人、運送食材的人、做菜的人和將食物端上桌的人。換句話說，這句話也是在對促成自己吃到這一餐的所有人表達感謝之意。

簡單來說，「請容我享用（いただきます）」就是一句對「將生命與自己分享的食材」，以及「參與食物上桌前所有過程的人」表達敬意與感謝之辭。

おかわり

OKAWARI

再添一碗飯

與招待者
保持良好緣分的
重要禮儀

◆只吃一碗飯不符合日式禮儀

受邀用餐或在別人家作客吃飯，每當主人問「要不要再來一碗？」時，總煩惱該不該老實說「好」，但又怕對方覺得自己厚臉皮，往往最後還是婉拒了。

其實就禮儀層面來說，只吃一碗飯是不吉利的作法。

日本人習慣在守靈時盛一大碗飯，將筷子垂直插在中間，供於故人枕旁。當然，已逝之人永遠不可能「再來一碗」了，這碗飯就稱為「一膳飯」或「枕飯」，象徵永遠的分離。

只吃一碗飯容易使人聯想到上述守靈夜的「一膳飯」，因此，再添一碗飯才是符合用餐禮儀的舉動。

日本有些地區還保留著這樣的習慣，即便是在自己家裡吃飯，第一碗飯也一定不添太滿，吃完這碗後，即使只添一口也好，一定會再來一碗飯。

此外，請主人為自己再添一碗飯時，碗裡留一口飯不吃完，才是正確的禮儀。或許有人認為不把飯吃乾淨很沒禮貌，但是在日本的飲食思想中，這留下的一口飯代表與對方的緣分「今後也將繼續」，傳達了珍惜彼此緣分的意思。

吃完整頓飯時，才把碗中的飯吃到一粒不剩，意在暗示主人「我吃完了，請賞杯茶喝」。

反之，站在主人的立場，看到客人碗裡留著一口飯時，就該知道這是為對方添飯的時機了；在對方開口說「請再給我一碗飯」之前，主動提議添飯。這時，為了不讓大家聯想到盛得滿滿的「一膳飯」，除了避免使用「再給您盛一碗吧」的說法，再添的那一碗飯也不要添滿才符合禮儀。

席次
SEKIJI

座次

「凹間」
被視為膜拜對象的座位，
是室內重要場所

◆恭放佛具、祭祀膜拜的重要場所

吃飯時誰該坐哪個位置？如果只是跟家人朋友吃飯的輕鬆場合，應該不太會思考這件事。但碰上正式的場合時，就必須安排地位高的人坐上座。這不僅日本如此，在西方也是重要的禮儀。

根據國際禮儀規定，基本上距離出入口越遠的位子越屬上座，離出入口越近的位子就越屬下座。如果餐廳內有好幾張桌子，距離門口最遠的那張桌子中，離門口最遠的位置就是最上座。

不過室內空間若是設置了凹間的和室，這套規範有時就不適用了。一般來說，和室也是以距離出入口最遠的位置為上座，如果室內設有凹間，則凹間前方的位置才是最上座。以背對凹間的中央位置為最上座，再以此座位為中心決定順位。但為何比起距離出入口最遠的位置，凹間前方的位置更重要呢？這是因為，凹間原本是恭放佛具、祭祀膜拜的重要場所，是用來祭祀膜拜的神聖位置，在這個位置前方的座位自然被尊為最上座了。

此外，有些和室會刻意把凹間設置在離門口很近的地方。這麼一來，距離門口最遠的位置也是上座，離門口近的位置也是上座，特地設計為一間讓人們不用顧慮地位高低的房間。

上座與下座

比起距離出入口位置的遠近，和室中凹間前的位置才是上座。

【正式和室】　　【逆勝手和室】
※將凹間設置在進門後左側位置的和室

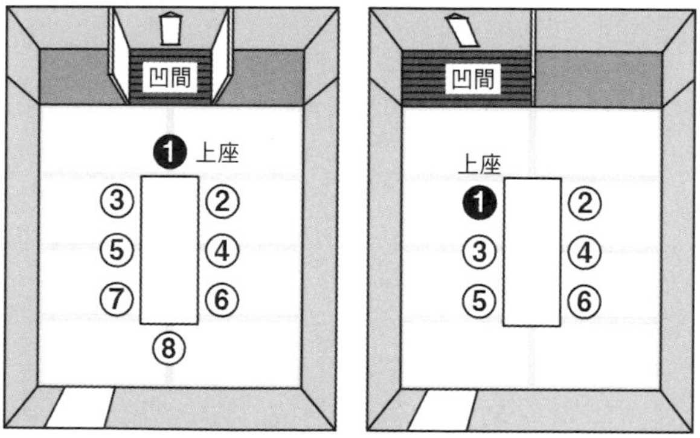

お通し
OTOSHI

餐前小菜

具有「已接受點餐」之意，
是居酒屋常見習慣

◆日本獨有的「餐前小菜」文化

進入居酒屋，在點酒、點菜前，店家會先端上一或兩道裝在小碟子裡的少分量餐前小菜，這就成了我們在那間店裡第一口嚐到的料理，也是在日本常見的景象。這種餐前小菜「お通し」在日語中有多種名稱，如「先付け」、「突き出し」、「前肴」、「二種盛り」、「箸付け」，指的都是一樣的東西。

事實上，這種餐前小菜是海外看不到的日本獨特文化，因此，很多外國人看到小菜端上桌時，都會心生疑惑：「明明又沒點這些東西……」此外，在大部分的餐廳裡，這道餐前小菜都會計費收錢，但幾乎所有店家都不會將這道小點列在菜單上，造成越來越多外國客人結帳時和店家之間產生糾紛。為了避免這類糾紛，因此必須事先對外國客人說明，日本這種「餐前小菜」的獨特文化。

話雖如此，就連日本人也覺得奇怪，為什麼自己沒點的菜會端上桌來？產生這種餐前小菜文化的原因是什麼？

其實很多人以為，餐前小菜和宴會料理中最初端上的前菜一樣。但嚴格來說，這種餐前小菜和前菜是不一樣的東西。

前菜是安排在主菜前端上桌的少量料理，有時一道，有時好幾道。為了不讓前菜的內容影響主菜的風味口感，通常是以涼拌當季蔬菜或浸漬菜為主，有時也會以烏魚子之類海鮮加工食品為前菜；兩者的共通點是少量，並具有促進食欲的效果。

相較之下，居酒屋等餐廳的餐前小菜，主要目的是為了讓客人在點餐後、等待料理上桌前這段時間有東西吃，同時也代表店家「已接受您的點餐，在餐點上桌前請先喝杯酒，配點下酒菜」的意思。起初是為了當作「已接受客人點餐」的證明而開始提供這道小菜，也帶有「點單已送往廚房」之意而得名[1]。一開始這道小菜並不收費，漸漸地，有些店家開始收取餐前小菜的費用；演變至今，多數店家都會收取餐前小菜的費用了。

＊註1——這裡指的是日文名稱「お通し」的由來。

寿司
SUSHI

壽司

源自江戶時代的壽司吃法

◆握壽司，其實是一種速食

說到外國人也喜歡的日本食物，多數人第一個想到的就是壽司吧。不論是招待外國人，或和外國人一起用餐的場合經常會有壽司料理，這時大家是不是也猶豫著到底要用筷子夾？還是用手拿取呢？

日本人平常吃東西絕對不會用手抓取。唯有壽司，不使用筷子、直接以手取用，才被視為講究的吃法。其背後原因和壽司的歷史有關。

壽司（すし）的名稱，源自「酸（すっぱい、すっぱし）」這個字。一如其名，最早的壽司是人們為了提高魚肉的保存性，把魚夾在鹽和飯中間發酵製作的保存食品。這種壽司稱為「熟鮨」，食用時只把中間發酵變酸的魚肉拿出來吃，外面的飯丟棄不食。

較接近大家現在吃的「握壽司」，則出現於江戶時代文政年間（西元一八一八～一八三〇年）。一開始是性情急躁的江戶人，為了更輕鬆方便吃壽司，而想出了省略發酵步驟的吃法，成為今日握壽司的原型。作法是在米飯中加醋拌勻，製成醋飯，再把生魚片疊在上面，就成了方便的即食壽司。

這種名為「早壽司」的食物不是什麼高級料理，當人們肚子有點餓了，隨性找家路邊攤，用手抓起自己想吃的魚料就吃，是以這種形式販售的食物。

初期的握壽司大小約為半口或一口大，這種尺寸的食物很難用筷子夾起，於是人們就直接用手拿取。換句話說，握壽司原本是為了方便食用而誕生的速食，用手拿起來吃一點問題也沒有。再者，用手拿取還有醋飯不易鬆散的好處。

用手拿握壽司起來吃時，先以拇指和中指夾住壽司兩側，再用食指輕輕按住生魚片，將整個壽司翻轉過來，只在生魚片前端沾一點醬油就好。因為醋飯沾到醬油容易鬆散垮掉。沾好後再次轉正，生魚片朝上一口吃掉。這就是握壽司最美味的吃法，也符合禮儀。吃完後，記得用濕毛巾擦手。

學會這種吃法，以後在外面吃壽司，再也不用擔心做出沒禮貌的舉動了。

蕎麦
SOBA

蕎麥麵

外國人也認同的「大聲吸麵條理由」

◆發出聲音吸麵是一種「麵騷擾」嗎？

在其他國家吃東西時發出聲音，基本上是違反用餐禮儀的。來造訪日本的外國人在聽到日本人吃拉麵、烏龍麵或蕎麥麵時發出「咻咻」聲響，往往會因此感到不快，甚至覺得受不了，而指責這是一種「麵騷擾」。

對日本人而言，吃麵發出聲音是天經地義的事，被說成「麵騷擾」也很是困擾。

外國人吃麵時會使用湯匙、調羹或叉子捲起麵條來吃，相較之下，日本人則只用筷子吃麵，實在很難不發出「吸起麵條」的聲音。

尤其是蕎麥麵，吸食麵條時發出聲音可說是最適當、也是最能嘗出其美味的吃法。蕎麥麵最重要的是香氣，使用剛磨好的蕎麥

蕎麥麵的吃法

吃蕎麥麵時連空氣一起吸進口中，更能品嘗到蕎麥豐富的香氣，
「吸食麵條」被視為最能輕鬆品嘗香氣的吃法。

1.

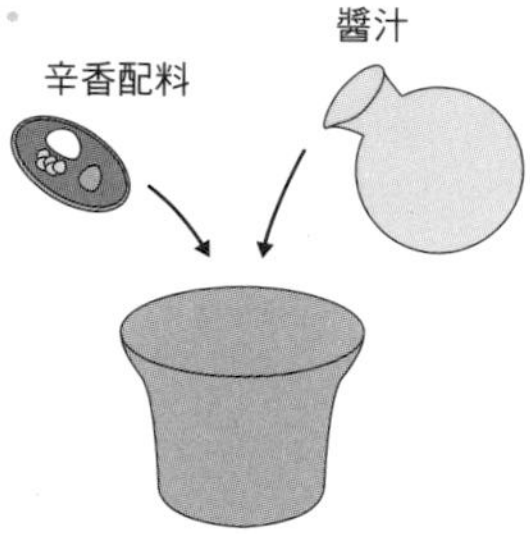

首先什麼都不要沾，只吃蕎麥麵，享受蕎麥的香氣。接著用麵條沾醬汁吃，再把辛香配料倒入醬汁中增添風味。

2.

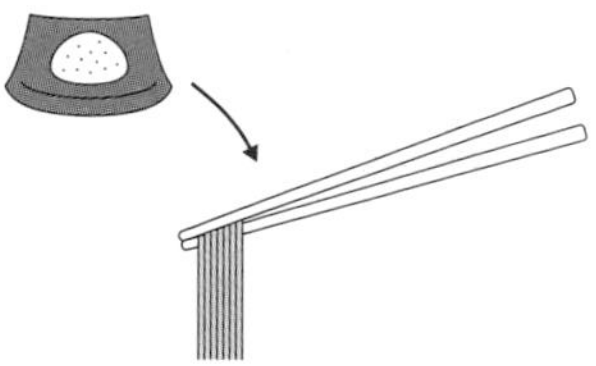

夾起一口的份量

3.

將下方三分之一到二分之一的麵條放入醬汁快速沾取，一口吸食麵條。

4.

麵吃完後，將蕎麥麵湯倒入沾剩的醬汁來喝。也可以只喝蕎麥麵湯。

粉擀製成的麵條下鍋，一煮好便立刻起鍋，品嘗這樣狀態下的蕎麥麵最能吃出其新鮮的香氣與滋味。吃麵時，一口氣將麵條與空氣一起吸進嘴裡，更能品嘗到蕎麥豐富深奧的美味。

若不發出聲音，勉強把麵塞入嘴裡，或吃到一半咬斷麵條，就無法充分感受到蕎麥麵的風味。因此，發出聲音吸食蕎麥麵才是講究的吃法。

如上所述，對日本人來說，吃麵食不發出聲音反而違背禮儀，也會被認為是不符合食材特性的吃法。

站在「認為吃東西不發出聲音才有禮貌」的外國人立場，聽到吸麵條的聲音或許真的很不愉快，但也只能說這是無可奈何的事了。

不過，只要好好說明日本飲食文化的特性，對方應該也能理解。事實上，近來將吃麵時發出聲音視為「日本文化」的外國人也增加不少，甚至有人認為既然都來日本了，就要入境隨俗，願意嘗試、挑戰這種吃法。

日本酒（其ノ一）

NIHONSHU

日本酒（之一）

從瓶身酒標 獲取多項資訊

◆略過標籤不讀太可惜

日本酒種類繁多，寫在標籤上的資訊看似難懂；若是懂得透過酒標了解更多關於日本酒的事，就能更深入品嘗日本酒的美味。

日本酒的標籤分為「表」、「裏」、「肩」三部分，首先是特定名稱、品牌名稱（商標、酒標）和酒藏（製造者）名稱等根據法律規定必須記載的事項。所謂特定名稱，指的是吟釀酒、純米酒、釀造酒等類別，只有一定品質的日本酒才會有此標示。

此外，原料名稱、製造日期、酒精濃度和使用的酵母等關於這項產品的基本資料和詳細資訊也會印在標籤上。有些標籤還會印上品嘗這款酒最好喝的方式，以及保存方法等等。

◆日本酒商標上常見的「正宗」由來

日本目前市面上約有一萬種日本酒商標。日本酒的商標大多來自酒藏屋號、當地居民自豪的山川景物或祭典名稱等。此外，各地都有像「神龜」、「鶴齡」這種以象徵長壽的動物命名，取其好兆頭的酒標。

那麼，日本酒商標上常見的「正宗」又是什麼意思呢？應該很多人以為這是人名吧，其實不然。「正宗」的誕生有個趣味的小故事。

一八四〇（天保十一）年某日，位於灘[1]的釀酒行第六代當家山邑太左衛門拜訪素有往來的京都瑞光寺住持時，在那裡看見經書上寫著「臨濟正宗」，發現「正宗」兩字以日語的「音讀」發音時，和「清酒」的發音相近，認為這是個好兆頭，於是開始銷售一款取名為「正宗」的酒。

山邑太左衛門賣的「正宗」迅速大受歡迎，成為暢銷酒款。許多酒藏為了沾光，也開始跟著販售名為「正宗」的酒。於是，日本各地出現了許多以「正宗」為商標名稱的酒。換句話說，「正宗」不是人名，是因為諧音而從經書裡借用的文字。

關於這個「正宗」商標，其實還有後話。一八八四（明治十七）年，明治政

圖解日本酒標籤

選購日本酒時，商標上提供很多值得參考的訊息，
包括製造商、製造方法和製造原料等各種資訊。

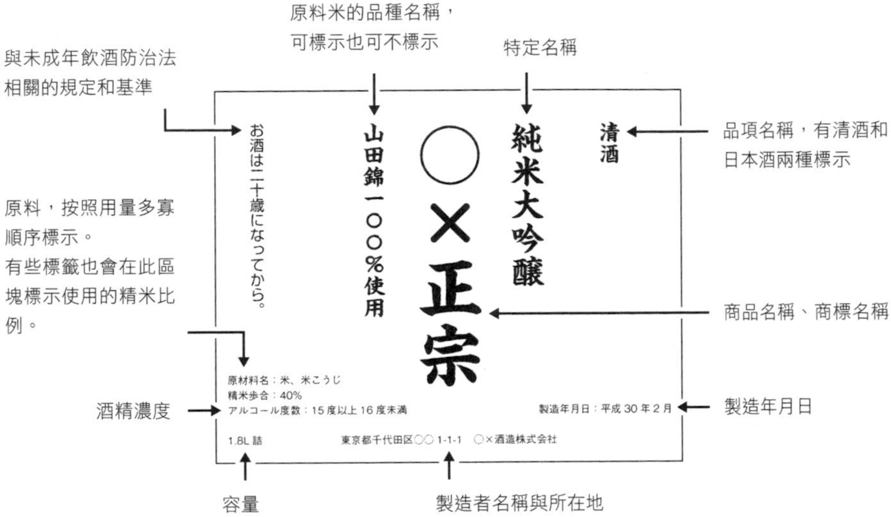

府制定商標條例，生產元祖「正宗」的酒藏申請商標卻不被承認，原因起於名為「正宗」的酒實在太多了，政府決定將「正宗」制定為一般名詞，不得做為酒標使用。最後，元祖「正宗」不得已，只好改以「櫻正宗」之名登錄了商標。

＊註1——神戶的地名，是知名日本酒產地。

精進料理

SHOJINRYORI

精進料理

為佛教徒修行而生的
簡樸料理及作法

◆從佛教教義中誕生，以蔬菜為主的健康和食

京都、奈良或鎌倉等地的寺廟附近，常有幾家觀光客也能輕鬆走進去品嘗的精進料理餐廳。

本膳料理或懷石料理等名稱傳達的是「料理的形式」。相對的，所謂「精進料理」則是傳達「食材的特色」。簡單來說，精進料理是一種不使用動物性食材的料理。

精進料理起源於僧侶以供奉佛前的供品為食材烹調的食物，鎌倉時代（一一八五～一三三三年）曹洞宗開祖道元禪師時，才正式定名。佛教有禁止殺生的教義，所以僧侶們也避吃肉、魚，改以豆腐或豆皮等黃豆製品取代，加上蔬菜、海藻、穀類等，就成了精進料理的主要食材。

起初只是非常清淡粗糙的餐食，漸漸地，修行僧會以不同方式加工或烹調，變得越來越精緻，現在已成為法會或法事上常見的料理。

精進料理的餐桌禮儀，基本上和吃其他日本料理時沒有太大不同，但畢竟是來自寺院的料理，還是有幾項規矩，尤其是在寺內食用時更需要注意。

用餐前，等所有人入座後，在典座（負責掌廚的僧人）號令下，大家一起雙手合十。

用餐當下盡可能不交談。過去在寺院裡吃飯是禁止交談的，但現在只要嘴裡沒有食物，稍微講幾句話沒有關係。

嚴禁殘留食物。佛教嚴格規定不可浪費食物，必須盡力吃乾淨，連一顆飯粒也不能剩。為此，最後得在碗裡注入溫水，將沾在碗裡的飯粒沖下來喝掉。

此外，用餐至尾聲時，須留下一小塊醃蘿蔔，目的是用來將碗盤擦拭乾淨，最後再將這塊醃蘿蔔吃掉。全部吃完後，再次雙掌合十以示感謝。

近來吃精進料理的不只日本人，將精進料理視為健康日本料理的外國觀光客也很喜歡。儘管在自己家裡或餐廳吃的時候對規矩不必太過要求，但畢竟精進料理誕生於日本，身為日本人至少該了解它的由來。

器の配置

UTSUWA

餐具的配置

外觀與實用性兼具的和食餐桌擺設

◆體現日本價值觀的日本料理排列方式

法國人在家用餐時，多半是一次端一道菜上桌，吃完一道菜再出下一道菜。

日本人的餐桌則是一次擺上一湯三菜，也就是一開始就把所有料理端上桌。這時，碗盤的擺法也有一定規矩，從食用者的角度看去，靠近自己左手邊的是飯碗，靠近自己右手邊的是湯碗。供奉佛壇的供品則是從佛像的方向望過去，左邊放飯碗，右邊放湯碗。

為什麼會以這種方式擺放呢？最大的原因和日本的傳統觀念有關。

日本自古以來，認為左邊的地位比右邊高。過去天皇身邊有左大臣與右大臣，左大臣的地位就比右大臣高。在京都御所，從天皇御座的位置看過去，站在左側的是地位較高的左大臣，站在右側的是地位比左大臣低的右大臣。以舞台的配置來說，左邊就是所謂的「上手方位」。

將飯碗放在左手邊，是因為米飯向來是日本人的主食，稻作則是日本的經濟中心，也是支撐日本人生活不可或缺的存在。這麼重要的米飯，當然應該擺在左手邊地位最高的位置。

此外，將飯碗擺在左手邊，也可說是符合邏輯思考的配置。吃飯時，通常一手拿碗一手拿筷，而用右手拿筷的人占大多數，既然如此，為了讓左手方便拿取一餐中最常拿起來吃的米飯，將飯碗放在左手邊，吃起來動作最流暢。

再者，餐桌上通常還會有生魚片、燉煮菜和燒烤等三樣菜，這些就放在飯碗和湯碗再過去的桌面上。將拿取頻率高的飯碗和容易打翻的湯碗，放在靠近手邊的位置，可避免一再伸手越過菜餚拿取飯碗或湯碗，因為這麼做在日語中叫做「袖越」，是違反餐桌禮儀的行為。

從飯碗放在左邊、湯碗放在右邊的基本和食餐桌配置，可看出日本人的價值觀，以及對效率的注重。

正因將飯湯菜餚擺放在正確的位置，才能自然做出不失禮節的用餐行為，好好吃完一頓飯。

箸（其ノ一）

HASHI

筷子（之一）

違反禮儀的「嫌箸」

◆為何拿筷子也有禮儀規範？

日本料理基本上都使用筷子食用。因此，日本人對筷子的使用有許多禮儀規範，違反筷子禮儀的作法被稱為「嫌箸」。每一種拿筷子的規矩都不只是表面形式，會制定那些規範都是有原因的。

舉例來說，用筷子插戳食物的「刺し箸」，或是戳了食物又把食物留在盤中的「すかし箸」，都是不尊重食物的行為，因而被禁止。咬筷子的「噛み箸」，以及用筷子推拉餐具的「寄せ箸」，則是因為對器皿餐具太粗魯而受到禁止。

此外，拿筷子在鍋碗等容器裡攪拌，試圖翻找自己想吃的菜，這種行為稱為「探り箸」，和舉著筷子在食物上方猶豫不決的

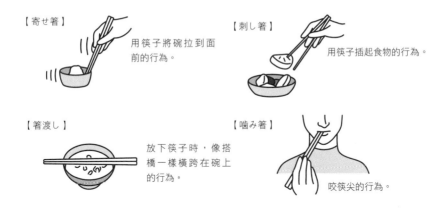

使用筷子的禁忌

在日本使用筷子的種種禁忌中，
有像「刺し箸」這樣出於對食物與餐具的重視，
也有像「迷い箸」這類，
為了不使同桌用餐者產生不愉快的心情而禁止的規矩。
此外，還有來自佛教習俗，
因為不吉利而禁止的「箸渡し」等禁忌。

【寄せ箸】

用筷子將碗拉到面前的行為。

【刺し箸】

用筷子插起食物的行為。

【箸渡し】

放下筷子時，像搭橋一樣橫跨在碗上的行為。

【噛み箸】

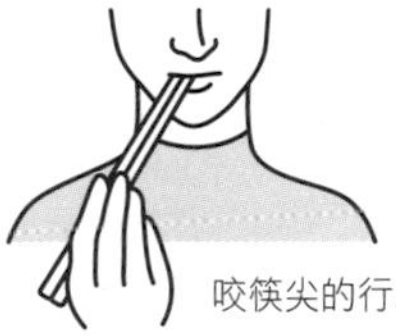

咬筷尖的行為。

「迷い箸」一樣，都是會使同桌用餐者不愉快的行為，也是違反禮儀規範的舉止。夾起食物卻不吃的「空箸」，則除了使同桌用餐者不愉快之外，對請客或做菜的人也很失禮。

有些與筷子相關的禮儀規範和佛教習俗有關。譬如彼此用筷子傳接食物的「箸渡し」或「二人箸」，由於會使人聯想到佛教葬禮後在火葬場以火筷撿骨的行為，給人不吉利的印象，也是筷子禮儀中受到禁止的一項。

像這樣弄清楚禁止的原因，就更容易記住禮儀規範了。

中國和韓國也是使用筷子吃飯的國家，自然各有一套與筷子相關的禮儀規範。儘管有文化上的差異，其中也不乏與日本共通的規矩。

從筷子的用法就能看出一個人的品格。平常就該好好練習使用筷子，在人前用餐時才不會丟臉。

箸 HASHI（其ノ二）

筷子（之二）

將筷子視為祭祀用具，不喜歡共用筷子的日本人

用於祭祀的筷子

和食最大的特徵之一，就是使用筷子的文化。中國、朝鮮等東亞圈內也有其他使用筷子的國家，但除了日本，其他國家同時也頻繁使用調羹或湯匙等餐具。吃飯時幾乎只使用筷子的只有日本。

日本歷史上第一次出現「筷子」，是在西元七一二年編纂的《古事記》裡，描寫須佐之男命擊退八岐大蛇的情節。

故事描述須佐之男命來到出雲國（相當於今日島根縣東部），看見河裡有筷子流過，因此得知上游有住人。

不過，日本並非一開始就有使用筷子的文化。古代日本以手直接拿取食物的「手食」為主流，筷子和湯匙只是輔助。而當時

的筷子也和現在一雙兩支的筷子不同，比較像是用竹子削成的一支竹籤。

原本只是輔助用具，而且只有一支的筷子，是在七世紀初期聖德太子派遣隋使前往中國，引入中國文化後，才演變為今日這種一雙兩支的筷子。當時使用筷子的方法也和現在不同，因為受到朝鮮半島飲食文化的影響，人們多半將筷子與湯匙一起使用。

之後，從奈良時代（七一〇～七九四年）到平安時代（七九四～一一八五年），漸漸發展出一套筷子的使用規範，日本人也開始像現在這樣，吃飯時幾乎只使用一雙兩支的筷子進食了。

◆為何日本人不愛與人共用筷子？

在日本的筷子文化中，有另一獨特之處，那就是個人持有自己筷子的「銘銘箸」。在中國或韓國，筷子是可與人共用的餐具（日文稱為「共用箸，即公筷」），但是日本人卻不喜歡用別人的筷子，也不喜歡讓人使用自己的筷子，一般人都會有自己的專用筷。

原因依然和歷史有關。在古代的日本，由於用竹筷來祭祀的緣故，筷子原本與其說是餐具，不如說是「和神明一起用餐」的「祭祀用具」。

因此，日本人認為神明會依附在筷子上，使用過筷子的人靈魂也會依附在筷子上。換句話說，古代日本人將筷子與使用筷子的人視為一體，自然排斥讓他人使用自己的筷子了。

承襲了這樣的思想，現在日本人在一般生活中也排斥與人共用筷子，根深柢固地發展出擁有自己專屬筷子的「銘銘箸」文化。

割箸

WARIBASHI

免洗筷

正因為是木製，
更必須知道的衛生觀念

◆與惜物精神沒有抵觸嗎？

現今全世界都注重環保，日本文化中的「免洗筷」便成了一大問題。

對日本人來說，在公共場合不重複用同一雙筷子，使用免洗筷是理所當然的事；這看在外國人眼中，不免產生「日本人不是很有惜物精神嗎？為什麼這麼喜歡用拋棄式的免洗筷呢？」

事實上，日本人在公共場合使用免洗筷[1]，是有其道理的。

名為「割箸」的免洗筷，最早出現在江戶時代庶民聚集的餐飲店中。當時的免洗筷已經採取現在「割箸」的形式，要使用之前才將相連的兩支筷子扳開使用，所以也稱「引裂箸」。

由客人在用餐前親手將筷子扳開，表示這雙筷子之前未經使用，換句話說，這是店家強調「這雙筷子沒有別人用過，是乾淨的，您可安心使用」的作法。

日本人或許太過潔癖，但若考慮到免洗筷的材質特徵，就會發現其實這麼做也很合理。

免洗筷是木製品，不適合用熱水煮沸消毒。就算真的拿去煮沸消毒也很難完全乾透，不完全乾的筷子殘留濕氣，容易滋生細菌。此外，木頭是容易受傷的材質，細菌也很可能從受傷剝落或斷裂處跑進筷子裡。

基於這些原因，日本人才使用拋棄式的免洗筷。拋棄式免洗筷乍看之下浪費，其實顧及了衛生層面的考量；將免洗筷裝在筷袋裡，也是出於對衛生的考量。再者，免洗筷的原料是空酒桶淘汰的木材，也算是資源回收運用的一環。

另一方面，金屬製的湯匙、叉子等餐具由於可以煮沸消毒，不必使用像免洗筷一樣的拋棄式餐具也能兼顧衛生層面。

＊註1——這裡的免洗筷指的是「割箸」，兩隻筷子連在一起，使用前才扳開的免洗筷。

第

2

章

匠心獨具！學習「和食料理」訣竅

日本人發明了各式各樣的料理。
每一道菜都是在追求美味的過程中
經過一再改良，累積而來的成果。
從日本料理多采多姿的食材原料中，
就能看出日本人細緻周到的思慮和廚師的「匠心」。

米

KOME

米

用「炊干」法煮出美味米飯

日本獨有的炊飯方法

日本有句關於炊飯訣竅的順口溜：「一開始微弱，中間猛烈，就算爸媽死了也絕對不能打開。」這是用來形容炊飯火候的順口溜。在江戶時代出版的食譜《名飯部類》中，也能看到類似的語句：「炊飯時，起初小火，中段大火，沸騰後再把火調小。」

現在家家戶戶都有電子鍋，但在電子鍋普及使用之前，用釜鍋煮飯是理所當然的事；釜鍋當然不像電子鍋這麼方便，一顆按鈕按下去就能煮好飯，必須適度地調節火候。

前面介紹的兩段順口溜，解釋得更詳細一點就是，剛開始煮飯時要先加熱整個釜鍋，所以用的是小火，等鍋子熱了，再改用大火炊煮，沸騰後再次將火力調弱，熄火後不要打開蓋子，用餘溫繼續燜。這時，要是心裡想著：「好了沒啊？」把蓋子打開查看鍋內狀況的話，米飯就會燜得不夠好。這也是為何第一段順口溜要用「爸媽死了也絕對不能打開蓋子」這麼激烈的表現方式的原因。

這種炊飯方式稱為「炊干」，是最適合日本產「粳稻[1]」的炊飯方式，也是日本特有的炊飯方法。作法是在一開始鍋中水量多時以水煮米，等水變少了再改為蒸煮，也就是將「煮」與「蒸」兩種方式結合在一起的炊飯方法。在這兩種烹調方式下，可將融入水中的澱粉重新封入米粒內，就能煮出蓬鬆又有光澤的米飯。

日本之外的國家煮飯用的是「湯取」方式，先用大量的水稍微燙過米粒，將米粒取出，以清水沖掉表面黏液，再放回鍋中蒸熟。這種煮飯方式，適合用來炊煮東南亞等地產的「秈稻[2]」。

以前日本也用「湯取」方式炊飯，「炊干」一直要到江戶時代，稻米生產量上升後才普及全國。在日本人「想吃到美味米飯」的強烈執著下不斷研究，最後摸索出「炊干」這種炊飯方式。現在市面上販賣的電子鍋，也都運用「炊干」原理煮飯。

＊註1——蓬萊米。
＊註2——在來米。

◆飯冷了就不好吃的原因

即使是用同樣方式炊出的飯，剛炊好時最好吃，冷掉後則越來越難吃。這是米的主要成分「澱粉」特徵所導致。澱粉有兩種狀態，生米屬於「β澱粉」，在這種狀態下的米雖然不易溶於水且不好吃，但適於存放。加熱煮成米飯後，澱粉轉化成「α澱粉」，米飯雖然因此變得好吃，但已不適合存放。

α澱粉易溶於水，用「炊干」方式煮飯就能將澱粉封入米粒裡，用「湯取」方式煮飯則會被清水沖掉。這就是為何「炊干」法煮出的米飯蓬鬆又美味。

以「炊干」方式封入米粒內的澱粉（α澱粉）冷卻後，會再度轉變回原本的狀態（β澱粉），所以飯剛煮好時最好吃。麵包剛出爐時最美味，也是一樣的道理。

トンカツ

TONKATSU

炸豬排

將法國的豬肉料理
改造為日式風格的廚師絕活

◆來自日語腔調的名稱

炸豬排給人庶民料理的印象，令人意外的是，它竟然是從法國料理演變而來。

日本的炸豬排來自法國的「cotelette」，原本指的是帶骨背肉。法語的「cotelette」用英文發音成了「cutlet」，再轉成日語讀音就唸成了「katsuretsu」，也就是炸肉排。

日本有炸牛排、炸雞排等各種炸肉排料理，其中大家最熟悉的炸豬排，曾幾何時以日語中代表「豬」的「豚」字取代外來語，變成現在炸豬排「tonkatsu」的名稱。

◆運用炸天婦羅的技術

話雖如此，明治初期傳來日本的炸肉排

作法，和今日的炸豬排作法完全不同。

一八七二（明治五）年發行，仮名垣魯文的著作《西洋料理通》，書中介紹的炸豬排是先在鍋中加熱奶油，將豬肋肉與切碎的蔥放進去油炸，之後再加入麵粉、鹽、胡椒和醋慢慢熬煮。

在一八九五（明治二十八）年開幕的銀座餐廳「煉瓦亭」推出的炸肉排，則是用油蓋過鍋中切薄的小牛肉，半煎半炸後再送入烤箱烤，最後塗上奶油。

但如此做出的炸肉排太過油膩，日本人吃了反胃，客人都無法接受。

於是，為了配合日本人的口味，煉瓦亭的主廚想出的方法是先在豬肉上撒點鹽和胡椒，再依序沾上麵粉、蛋液和麵包粉，製作成炸豬排。

有點厚度的豬肉裹上麵衣入油鍋炸時，必須巧妙控制火候才能連裡面的肉都炸透，要是一個控制不好，很可能麵衣都焦黑了，肉卻還是生的。

不過，主廚可是擁有日本料理知識的日本人，在此運用了炸天婦羅的技術，使用比較深的油鍋慢慢炸，終於做出麵衣酥脆、肉香四溢的炸豬排。

如此做出的日式炸豬排，是法國廚師想學也學不來的，可說是一道前所未有的嶄新料理。

和法國的炸肉排相比，日式炸豬排酥脆的外皮更受日本人歡迎。很快地，

「煉瓦亭炸豬排」佳評如潮；到了昭和時期，到處都有餐廳提供這樣的炸豬排，甚至還出現炸豬排專賣店。

一開始還得使用刀叉吃這道炸豬排料理，後來餐廳將豬排切好才端上桌，就演變成人人都能輕鬆用筷子食用的佳餚了。

再搭配上白飯和味噌湯，還有清爽解膩的高麗菜絲、西洋芹一起做成套餐，於是有越來越多店家開始販賣這樣的豬排飯餐點，炸豬排也成了深受庶民喜愛的日常料理。

卷物料理

MAKIMONORYOURI

卷物料理

兼顧口味、美觀與保存性，
舉世罕見的飲食文化

◆豐富多彩的卷物文化

除了海苔卷，日本還有伊達卷[1]、昆布卷、紫蘇卷、鳴門卷[2]、餡卷等卷物料裡，種類之多，放眼全世界也難找到能與之媲美的國家。卷物料理除了主食之外，也包括配菜和點心在內，其中不乏如節分時吃的「惠方卷」[3]這樣普及全國的食物。

為什麼卷物料理在日本發展得如此多元蓬勃呢？背後可能有三個原因：

第一，卷物料理是將多樣不同食材融合為一的食物。舉例來說，昆布卷就揉合了昆布湯頭和鯡魚的鮮味。

將不同食材捲在一起的卷物料理，彼此相異的味道融為一體，比將這些食材分開吃時，展現了更深奧複雜的美味。

第二個原因是外型的美觀。一條卷物裡的不同食材彼此襯托、呼應，使卷物切開時呈現五彩繽紛的美麗螺旋狀剖面；螺旋狀圖案有一種難以言喻的幽默品味。

不只餐廳，一般人在家製作卷物料理時，也會為了追求美觀，考慮切開時的剖面圖案來安排食材位置；切開後擺盤或裝進便當盒裡，還會注意如何擺放才能展現出美麗的剖面。除了強調料理的美味外，日本人也很重視食物外觀的視覺效果。

最後一個原因是，將食材捲起更利於保存。製作卷物料理時，通常會用捲簾將食材捲起來，並用力捲緊。外層除了使用海苔，也會用昆布、植物的葉子或竹皮等，無論使用哪種食材，共通點都是「緊緊捲起」。這麼做除了防止料理鬆散，其實還有另一個效果。

食物接觸空氣容易氧化腐壞，而整條捲緊的卷物料理內部食材很少接觸空氣，可達到預防氧化腐壞的作用。日本人生活在高溫多濕的環境，為了保存食物耗費不少工

＊註1——日本人過年不可缺少的一種甜味蛋捲。據說因北國戰將仙台獨眼龍伊達政宗喜歡此糕點而得名。

＊註2——一種粉白相間的「魚板」，以魚漿為原料製成的食品。

＊註3——大阪的特色壽司，用海苔包裹醋飯及餡料捲製而成，在節分日食用，象徵把福氣捲起來吃掉，具有消災避邪、祝願生意興旺的效用。

夫，卷物料理正符合食物保存的邏輯。

兼顧口味的融合、外表的美觀和優良的保存性，三面俱到的卷物料理，豐富了日本人的飲食文化。

こんにゃく

KONNYAKU

蒟蒻

以不能水煮、
火烤的芋類為原料，
源自日本的食材

◆被稱為「惡魔之舌」，西方人對它敬謝不敏

蒟蒻是發源於日本的食材，也是在做關東煮或田樂燒[1]時不可或缺的食材，更是日本家喻戶曉的食物。最近，蒟蒻因其富含防止膽固醇吸收的水溶性食物纖維、幫助鈣質吸收的氫氧化鈣，以及對肌膚有益的神經醯胺，加上低卡路里的特性，近來被視為有助瘦身的健康食材而大受歡迎。

然而，蒟蒻在外國的評價可就不太好了。尤其是在英國，蒟蒻因為外表的緣故，得了一個「Devil's Tongue」（惡魔之舌）的綽號，給人的印象很差，更不可能拿來吃。

不只英國，世界各地都少有像蒟蒻這種具有彈力口感的食物，加上它特有的腥味，因而蒙上一層負面色彩，成了外國人無法接

受的食材。

關於蒟蒻芋何時傳入日本，有繩文時代（約一萬年以前～公元前一世紀前後的時期）和飛鳥時代兩種說法，至今尚無定論。中國則可在紀元前七百年左右找到與蒟蒻相關的紀錄，那時是用鹼液將蒟蒻煮過後食用。蒟蒻芋這種植物因澀味太重，無論用水煮、火烤還是油炸，都無法直接食用。因此傳入日本後，起初也沒有被當成食物。原本蒟蒻芋在中國就是火藥或中藥的原料，在日本一直到鐮倉時代也都被當成藥品使用。

想食用蒟蒻，必須先將蒟蒻芋磨成泥或曬乾磨粉，加入石灰或碳酸鈉，將澀味中和掉再凝固成塊狀。沒有經過這幾道加工，蒟蒻就無法食用。日本進入室町時代（一三三六～一五七三年）後才開始食用蒟蒻，傳說戰國時代時（一四六七～一六一四年）織田信長就命人製作了紅蒟蒻。再到江戶時代後期，同樣是茨城縣的中島藤右衛門想出了將蒟蒻芋乾燥保存的辦法。

生的蒟蒻芋容易腐壞，造成出貨上的困難，也不利運送。於是中島藤右衛門將蒟蒻乾燥後磨成粉，又花了十八年歲月完成將粉末製成食用蒟蒻的方法。就這樣，蒟蒻慢慢成為普及於庶民之間的食物。

＊註1——在蒟蒻或豆腐等食材上塗抹加了砂糖、味醂的味噌醬後燒烤的食物。

豆腐料理

TOFURYORI

豆腐料理

模仿雁肉製成的「雁擬」

◆廣受世界矚目的豆腐料理

日本食物之所以在國外引發潮流，原因之一是和高卡路里的西方料理相比，日本食物具有低卡路里的優點，尤其豆腐料理更是受到矚目，原因在於豆腐是油脂含量少、蛋白質含量高的食物。對於想控制卡路里、又想攝取充分蛋白質的人來說，豆腐是再合適不過的食物。

每天吃一樣的東西難免嫌膩，然而豆腐可做成冷豆腐、湯豆腐、加入味噌湯或做成炸豆腐，還能做成雁擬、凍豆腐等等，烹調方式五花八門也是豆腐料理的一大特色。

豆腐雖是中國發明的食物，與之相比，中國人更常用豆漿或以醬油和酒醃漬硬化的豆腐乳來烹調。大多數的豆腐料理，都是奈良時代跟著佛教傳入日本後才誕生的。江戶時代天明年間出版的《豆腐百珍》（一七八二年）及《豆腐百珍續篇》（一七八三年）中，總計介紹了多達兩百種的豆腐料理。

◆以豆腐模擬肉、魚的飲食文化

和佛教一起傳入日本的豆腐，用於料理上的發展也與佛教息息相關。

佛教禁止殺生，修行中的僧人吃的是不使用肉、魚的精進料理。但是對年輕的僧人來說，壓抑「想吃魚、肉」的欲望是很痛苦的事。雖說壓抑欲望也是修行的一部分，修行僧們仍試圖找到不打破禁忌又能滿足心願的方法。於是，典作（負責做菜的僧人）想出了用豆腐模擬魚或肉類食物的「仿葷料理」。

比方說「雁擬」（がんもどき）就是模仿雁肉做成的料理，所以取了這樣的名字。以前日本人說到吃肉，主要吃的是鳥肉，所以才會以雁為代表取了「雁擬」這個名字吧。

雁擬的做法是在豆腐中加入木耳、香菇、山藥、紅蘿蔔、芝麻、牛蒡、昆布絲等，攪拌後揉成圓球，再用油炸而成的料理。和冷豆腐或湯豆腐比起來費工費

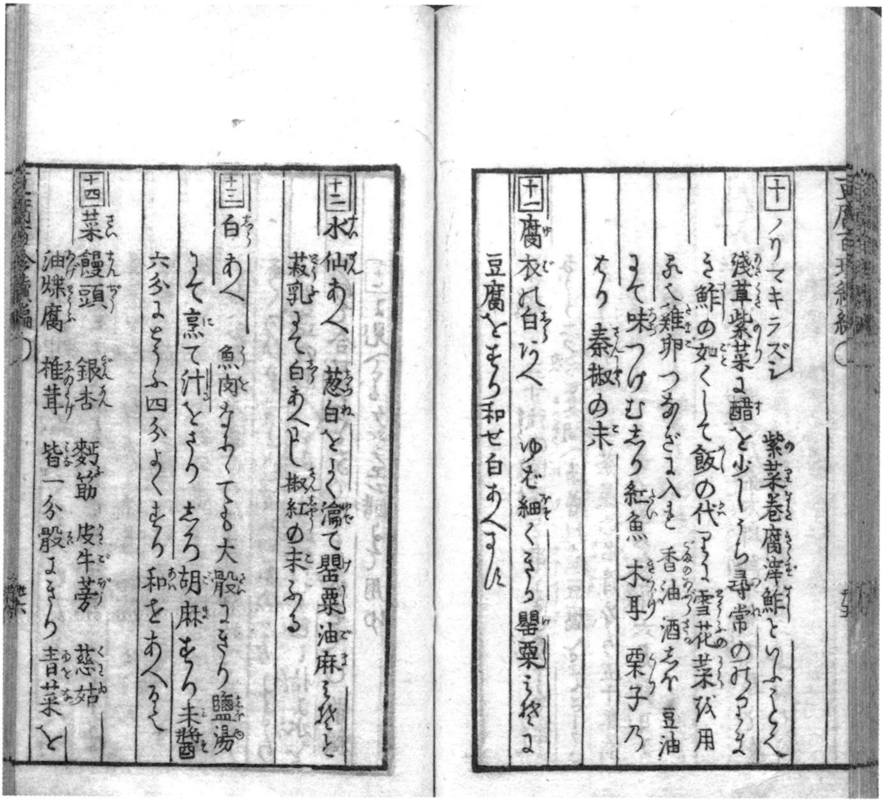

介紹超過一百種豆腐料理的《豆腐百珍》，於一七八二（天明二）年發行。
（典藏於日本國立國會圖書館）

勁，為的就是想盡可能重現真正肉食的口感與顏色。

此外，還有一種用豆腐模仿蒲燒鰻的料理。這道菜的作法是將壓碎的豆腐泥捏成鰻魚狀，先油炸成型，再用竹籤串起，塗上蒲燒醬以炭火燒烤，乍看之下和真的蒲燒鰻幾乎沒有兩樣。

就像這樣，豆腐無論在攝取蛋白質的營養層面，或是在滿足口感等食欲的層面上，都是最適合用來取代肉與魚的食材。

刺身 SASHIMI

生魚片

以吃起來最美味的順序擺盤

◆生魚片怎麼吃才美味

在外國也深受歡迎的日本代表美食之一，就是生魚片了。盤上擺放幾種不同的生魚片，那紅白繽紛的絢爛外表，說明了這是兼顧味覺與視覺的饗宴。

事實上，生魚片的擺盤不只為了美觀；擺放的位置和順序在品嘗料理時，也有著禮節及規矩上的意義。

基本上，一盤生魚片中，擺放在容器內、靠近吃的人左手邊的是口味清淡的白肉魚或花枝，右手邊的是貝類等黃色海鮮，再過去才是鮪魚等紅肉魚。如此擺盤的用意，是讓吃的人從口味清淡的吃到濃郁的，這樣才能盡可能品嘗到每種魚類的美味。因此，不要破壞擺盤順序，從靠近自己左手邊的種類開始吃，才是最理想的生魚片品嘗方式。

◆盤中的生魚片小世界

這種生魚片的擺盤方式稱為「山水盛」，是一種固定的擺盤法，以日本料理形式之一「本膳料理」中的「膾皿」為本。山水盛以七、五、三的比例將生魚片分成「三座山」，並按照前文介紹過的魚肉種類順序來擺放。此外，山與山中間會放置「劍」或「褄」的食材及裝飾葉片「皆敷」，還會附上一點辛香料。

除了生魚片本身的擺放位置與順序外，盤上其他附加食材也各有其意義。「劍」指的是將白蘿蔔或土當歸、茗荷[1]等蔬菜切成細條，泡水瀝乾後附在生魚片旁搭配食用的食材，也算是提味配料的一種。另一方面，「褄」則有讓生魚片看起來更美味的輔助效果，使用的是切成長條細絲的白蘿蔔或土當歸、茗荷、紫蘇葉和海帶芽等海藻類，若是鋪在生魚片下的就稱為「敷褄」，豎立起來擺放的就稱為「立褄」。

「劍」或「褄」具有消除口中魚腥味和多餘油脂的爽口效果，因此，可以和生魚片一起吃，也可以交替吃，如此一來，將更能品嘗到生魚片的美味。不過，

月岡芳年繪《風俗三十二相》之〈似乎很沉重／天保年間深川女侍之風俗〉，
描繪端生魚片盤給客人的女侍。
（典藏於日本國立國會圖書館）

鋪在生魚片下的「敷褄」會吸收魚肉滲出的血水，尤其是鋪在紅肉魚下的白蘿蔔絲等食材是不能吃的。

「皆敷」是為了替生魚片的擺盤增添氛圍與季節感，而放置的裝飾葉片。除此之外，盤中還會放「辛味」，指的是山葵或生薑等辛辣調味食材。辛辣的味道也有些許抗菌效果。

如此看下來，一盤生魚片從擺盤到各式搭配食材都有其意義與作用。學會這些知識後，下次生魚片吃起來一定更有滋味了。

＊註1——又稱蘘荷、野薑，是日本常見的辛香菜，被廣泛使用在料理中，有「日本生薑」之名。

カツオのたたき

KATSUO-NO-TATAKI

鰹魚半敲燒

用菜刀敲打
且以此命名的魚類料理

◆用菜刀敲的用意？

說到「鰹魚半敲燒」，大家一定馬上聯想到快速炙烤鰹魚表面，中間維持生魚狀態的料理。既然是這樣的烹調方式，為什麼不叫做「炙燒鰹魚」，而稱為「半敲燒」呢？

這是因為「鰹魚半敲燒」原本就不只是輕輕炙烤表面而已。這裡的「敲」，指的是用菜刀刀刃或刀背輕敲魚肉的料理方式。

它原本是漁民做給自己吃的料理，將剛釣上來的新鮮鰹魚當場剖解，用火炙燒表面，切成塊狀後，撒上鹽巴即可食用。

撒鹽時，為了讓鹽分均勻滲入魚肉，所以用菜刀敲打魚身，這就是「鰹魚半敲燒」名稱的由來。

之所以多加這道用菜刀敲魚身的步驟，

是因為從前鹽屬於高價調味料，想要只撒少量又兼顧美味，就要讓鹽巴均勻滲透，因而想出了這種調理方式。現今除了鹽之外，還會加上蒜頭、生薑或蔥等提味食材，在撒上之前一樣會先用菜刀敲打魚身。

此外，一般都知道鰹魚半敲燒是用稻草而不是用木材燒烤，這是因為稻草有少量油脂，一燒起來火勢就很旺，可讓鰹魚表面馬上炙烤完成，同時防止內部烤熟，品嘗時還享受得到稻草的香氣。

◆為什麼只炙烤表面？

既是漁民的食物，比起特地炙烤表面，剛釣起的新鮮鰹魚做成生魚片不是比較好吃嗎？為什麼還要特地用火烤加熱呢？

原因有幾種，其中一個說法認為這是江戶時代土佐藩主山內一豐的命令。西元一六〇一（慶長六）年，山內一豐因轉移領地而來到土佐，他看到土佐的漁夫們生吃鰹魚，立刻下令禁止。因為當時衛生管理不夠充分，經常發生吃生魚導致食物中毒的情形，一豐是擔心這類情形發生。

然而，土佐的漁夫們早已習慣生吃新鮮的鰹魚，也熟知鰹魚生魚片有多美味。

儘管藩主發出禁令，漁夫們仍想方設法要吃到生的鰹魚，所以就想出只炙烤表面的料理方法。即使裡面還是生的，只要表面炙烤過就不算生吃了吧！漁夫們以此為藉口，繼續享受生鰹魚的美味。

塩辛
SHIOKARA

鹽辛

從善用剩餘食材的生活智慧
所誕生的鮮味美食

◆最適合下酒或配飯

日本人經常把「Mottainai」掛在嘴上。曾獲諾貝爾和平獎的肯亞環境保護運動家旺加里．馬塔伊深受這句話感動，透過她的介紹，「Mottainai」傳遍了全世界。這個語詞代表日本的惜物精神，同時在這樣的精神理念下，日本人發展出重複使用的包袱巾，以及修復破碎陶瓷的金繼工藝等惜物文化。經常用來下酒和配飯的菜餚「鹽辛」，也可說是惜物文化之一。

鹽辛，意指用鹽醃釀海鮮或海鮮內臟的食品。將原本要丟棄的內臟加工製成可持久保存的食物，不浪費一絲食材，這就是鹽辛的特色。

魚內臟味道腥臭，無法直接吃。但經過

傳統「花枝鹽辛」的製造工序

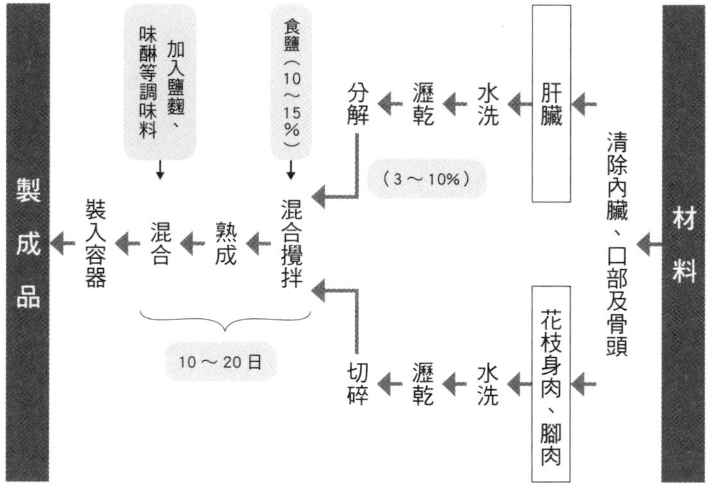

鹽漬後，內臟中含有的蛋白酶能將內臟本身的蛋白質分解，製造出鮮味來源的胺基酸，鹽辛獨特的鮮味就是如此變化而來的。只靠食材本身與鹽的力量，就能自行轉化出醇厚的鮮味，真可說是大自然的巧妙。

◆豐富的飲食文化，孕育出種類繁多的鹽辛

最為人熟知的鹽辛是花枝鹽辛。除此之外，鹽辛還有許多受歡迎的種類。

比方說「酒盜」，這是

一種以鰹魚內臟製成的鹽辛，據說起源於將製作柴魚乾過程中，多出的鰹魚腸胃等內臟鹽漬保存而成。「酒盜」這名稱的由來，出自第十二代土佐藩主山內豐資，因為他非常喜愛鰹魚內臟製成的鹽辛，曾誇讚：「只要有這個，多少酒都喝得下。」因而得名。直到現代，「酒盜」仍是廣受人們喜愛的下酒菜。

除了上述鹽辛之外，還有以香魚內臟製成的鹽辛「潤香」（うるか）。「潤香」原本的意思只是「魚內臟」，但現在幾乎都指香魚內臟製成的鹽辛了。岐阜、山口和大分等香魚盛產地從以前就會製作潤香。即使同樣名為潤香，不同產地的製作方法也有所不同，其中較為知名的有使用產卵期香魚卵巢做的「真子潤香」（真子うるか），以及使用卵巢以外內臟做的「苦潤香」（苦うるか）。

還有一種叫「海鼠腸」（このわた）的鹽辛，它是用製作海參乾過程中不要的腸子做成。另外，以鮭魚腎臟製作的鹽辛叫做「女奮」（めふん），也有用海膽製成的鹽辛。

如前所述，日本素有不浪費食物的觀念，而這種善用海鮮內臟製作食品的智慧，也豐富了日本的飲食文化。

＊註1——浪費、可惜之意。

卵 TAMAGO

蛋

對生蛋的品質管理，
嚴謹程度全球罕見

◆日本特有的「食生蛋」日常

日本除了生蛋拌飯之外，也可見直接在烏龍麵或蕎麥麵上打顆生蛋的「月見」吃法，或是用生蛋當壽喜鍋的沾醬，「生蛋」經常在日本人的餐桌上大顯身手。不過這看在外國人眼中，卻是難以置信的事，驚訝心想：「竟然直接吃生蛋！」儘管也有像法國或智利在料理上使用生蛋的國家，但普遍還是認為「蛋應該要加熱再吃」。

之所以將蛋加熱，是為了預防食物中毒。雞隻生蛋與排泄的管道相同，腸內的沙門氏菌污染雞蛋是常有的事。因此，食用未加熱、煮熟的生蛋，有食物中毒的風險。

為了克服這個問題，日本對雞蛋進行徹底的品質管理，嚴格到從給小雞吃的飼料開始著手。在日本，餵食小雞只能使用通過「飼料安全法」的工廠生產的飼料。

從做好嚴格衛生管理的養雞場生產的雞蛋，還要先集中送到篩選、包裝雞蛋的GP中心，在這裡接受清洗、篩選和進一步的檢查後，才包裝入容器，這個過程幾乎不經過人手觸摸。出貨前還得進行好幾個階段的檢查，只有通過所有檢查的雞蛋，才會送往市面銷售。

另外，日本和其他國家對雞蛋的賞味期限制定也大不相同。雞蛋原本是可以長期保存的食材，但由於日本人生食雞蛋的習慣，「安全食用期限」頂多只設定兩週左右。

相較其他以食用加熱、煮熟雞蛋為前提的國家，有些甚至將雞蛋的食用期限設定長達兩個月左右。

拜品質嚴格把關之賜，日本所生產的雞蛋，近來在海外受信賴的程度大幅提升。二〇一八（平成三十）年十月從日本出口美國的雞蛋解禁，農林水產省搭上海外這波「日本飲食流行風潮」，計畫將日本生食雞蛋的獨特飲食文化推廣到全世界。

海苔

NORI

海苔

消化生海苔的酵素
帶來日本獨特的飲食生活

日本人吃海苔的歷史悠久

海外人士開始流行吃日本料理之前，他們看到日本人吃海苔，曾驚訝地以為「日本人吃黑色的紙」。不過，近來吃海苔的外國人也增加了。

提到海苔，可能多半想到的是用在壽司或飯糰上的乾燥海苔。

一般家庭經常用的應該也是這種乾燥海苔。但事實上，日本人以前有很長一段時間吃的是生海苔。

據說日本人從繩文時代開始吃海苔。「海苔」這個名稱第一次出現在文獻中，是八世紀初期之後的事。《大寶律令》裡的「紫菜」就是海苔，當時還被當成進貢朝廷的納稅品，由此可以推測，當時所吃的是直接從岩石上採下來的未加工海藻。

到了平安時代，海苔成為供奉神佛的祭祀品，也是貴族間用來相互饋贈的禮品，價值很高。江戶時代做為進獻給德川幕府的貢品而開始養殖。這時出現了將生的海苔曬乾成紙狀的「板海苔」，一八四四（弘化元）年，三浦屋田中孫左衛門賣出了現今這種形式的乾燥海苔（燒海苔）。

也就是說，日本最早從繩文時代開始吃生海苔，至少食用到江戶時代後期。這樣的飲食文化，使日本人的腸內體質產生某種變化。經過世代生吃海苔的累積，日本人獲得了人類原本沒有的消化酵素，得以直接消化生海苔。

生海苔的細胞壁非常堅硬，人類原本無法自行消化。但法國研究機構指出，目前已確認日本人的腸內有足以分解生海苔的微生物存在，這種微生物現今只能在日本人的腸內找到。

不過，烤過的（乾燥）海苔細胞壁受到破壞，現今市面上銷售的乾海苔，就連體內沒有這種酵素的外國人也能輕鬆消化。

此外，細胞壁分解後會釋出原本封閉其中的鮮味成分，包括麩胺酸、肌苷酸和單磷酸鳥苷等溶出後，更加豐富了海苔的鮮美滋味。

烤過的海苔外國人的腸胃也能消化，又能品嘗到生海苔沒有的鮮味，難怪乾

歌川廣重繪《名所江戶百景 南品川鮫洲海岸》。

由此圖可看出人們在海岸養殖海苔的景象。

（典藏於日本國立國會圖書館）

燥海苔在世界各地大受歡迎。

◆海苔獨特的計量單位

在日本有很多獨特的計量單位。例如，烏龍麵的計量單位是「玉」，竹簍蕎麥麵的計量單位是「枚」，海苔平常端上餐桌時是一片、兩片計算，不過各位知道嗎？其實海苔還有另外一個獨特的計量單位「帖」。

「帖」通常是用來計算紙張、榻榻米或屏風等薄片狀的東西。板狀海苔乾燥的方式和紙張一樣，所以也用「帖」來計數。

十張「全型」尺寸的海苔就是「一帖」。所謂的「全型海苔」，詳細尺寸是二十一乘以十九公分，將近正方形的形狀。

海苔可用來捲壽司或包飯糰，需要各種尺寸。全型尺寸基本上是固定的，其他各種尺寸也各有其名稱。將「全型」裁半叫做「半切」，切成三片的叫「三切」，以此類推而有「四切」、「六切」、「八切」，連「十二切」都有。

日本人將海苔運用在各種料理上，所以才需要準備這麼多不同尺寸的海苔。

鰹節

KATSUOBUSHI

柴魚乾

在食物容易腐壞的氣候下
濃縮美味的祕訣

防止食物腐壞的智慧結晶

以往提到味覺，就是甜、鹹、辣、酸、苦五種。現在，科學已證實昆布或柴魚乾等食物成分裡含有一種「鮮味」。

儘管當時西方世界未承認鮮味的存在，但二〇〇〇年科學已證實舌頭上有接收鮮味的味覺感受器，鮮味也以第六種味覺的身分受到世界廣泛矚目。

話雖如此，西方人原本在烹調肉、魚或蔬菜時，就有加入肉湯或高湯的習慣，也就是說，利用有鮮味成分的食材熬煮湯頭做為料理的基礎，早已行之有年。

含有鮮味成分的食材很多，其中最受世界矚目的就是柴魚乾。

柴魚乾是用鰹魚加熱乾燥後製成的食

材，濃縮了麩胺酸及肌苷酸等鮮味成分，用柴魚乾熬煮的湯頭能引出食材絕妙的滋味。基於此，近來法國及西班牙等地的廚師也開始用柴魚乾烹調了。

之所以能找到如此適合用來熬煮湯頭的食材，其實和日本氣候的特色有很大關係。日本的氣候高溫多濕，食物腐壞是很難避免的事。鰹魚總是大量捕獲，魚肉卻很容易腐敗，於是前人便思考起保存鰹魚的方法。

在一次次錯誤中不斷嘗試的結果，人們反過來利用食物會腐壞的特性，注意到了「發酵」這個方法——在鰹魚上繁殖黴菌，再加熱、乾燥，重複無數次這樣的過程後，終於成功利用黴菌將產生鮮味的肌苷酸封入魚肉中，製作出能夠長久保存的食材。

為了防止食物腐敗而誕生的柴魚乾，可說是充滿日本人智慧結晶的食品。

麴菌

KOJIKIN

麴菌

擅長製作發酵食品的日本，
人工創造獨一無二「米麴菌」

◆只在日本才有的麴菌種類

日本有國歌《君之代》，有國旗「日之丸」，還有國花櫻花和菊花。那麼，各位知道日本也有「國菌」嗎？二〇〇六（平成十八）年，日本釀造學會選出了代表日本的菌種，那就是麴菌。

麴菌有米麴菌、醬油麴菌、黑麴菌、白麴菌等幾個種類，製作味噌、醬油及日本酒時使用的就是米麴菌。

麴菌是製作味噌、醬油和日本酒等發酵食品時不可或缺的東西，雖然是一種黴菌，其特徵是「可以吃的黴菌」。

用於製作發酵食品的麴，是在蒸過的米及其他穀物、或豆類上繁殖麴菌而成的東西。

為了製作日本料理必備的味噌與醬油等調味料及日本酒，必須使用麴菌。就這點來說，麴菌的功勞確實稱得上是代表日本的菌種。除此之外，麴菌成為日本國菌還有另一個原因——就是種類之一的「米麴菌」，只在日本才有！

◆人工創造世界獨一無二的麴菌

二〇〇五（平成十七）年，對米麴菌做完基因組分析的結果顯示，米麴菌是原本不存在這世上的菌種。學者認為日本人花了漫長時間製作發酵食品，從過程中選擇更適合發酵的菌株，培養出來的就是現在我們看到的米麴菌。

根據米麴菌沒有產生黴菌毒素的機能，一般的黴菌一個孢子只有一個核，米麴菌則是一個孢子有多個核，因此形質比一般黴菌穩定，發芽速度快，具有強力的製作酵素作用。

這些特徵使米麴菌非常適合用來製作發酵食品，如果不是經過人工特意栽培，應該無法具備這麼多適合製作發酵食品的特徵。

東洋諸國也常使用米麴菌以外的麴菌，利用麴菌發酵是東洋特有的製造法，這是因為麴菌適合在溫暖濕潤氣候生存的緣故。

麴的種類

黃麴（米麴）	以蒸過的米為原料製作的麴。用於製造清酒、味噌、醬油等，是日本獨有的麴。使用的黴菌是 Aspergillus oryzae，具有將清酒原料的米「糖化」的作用。
黑麴	製作沖繩泡盛及燒酌時使用的麴。
紅麴	使用名為「赤紅黴菌（Monascus anka）」的菌種，製出紅色的麴，釀造中國高級酒及臺灣紅酒時使用。
麯子（麴子）	用麵粉、玉米粉凝固後做成的麴，是釀造中國酒的原料。
小麦麹（小麥麴）	在炒過磨碎的小麥上繁殖的麴菌，用以製造醬油。
糠・麬麹（米糠麴、麥麬麴）	以米糠或麥麬做成的麴，用來製造酒精或酵素液。

在氣候乾燥的西方國家培養不出麴菌，因此西方人以麥芽取代，利用小麥發芽時的力量促進發酵，釀造酒與醋。最具代表性的麥芽酒就是啤酒，而在開發了蒸餾技術後，麥芽也能用來釀造威士忌、琴酒和伏特加了。

味噌

MISO

味噌

與時俱進的萬年調味料

紅味噌&白味噌的差別不只是顏色

味噌是日本食物不可或缺的調味料之一。日本的味噌有紅味噌（赤味噌）和白味噌兩種，為什麼會產生這種顏色上的差異呢？

顏色不同的原因有許多，包括原料的黃豆種類，採用水煮還是蒸煮黃豆的方式，放的麴菌數量多寡，發酵過程是否攪拌等等，這些因素都會造成味噌顏色上的差異。不同的要素組成，味噌製造過程中的「梅納反應」也會產生不同變化。「梅納反應」是黃豆中碳水化合物與胺基酸起反應，造成顏色變深的現象，又稱為「褐變」；高溫狀態和釀造期間拉長，都會增進梅納反應。

使用大量黃豆和鹽，拉長釀造時間，製

作出來的就會是外觀呈現紅褐色的紅味噌，仙台味噌與江戶味噌都是具有代表性的紅味噌。

相對地，盡可能抑制梅納反應，製作出來的就是白味噌。製作白味噌時使用大量米麴，縮短釀造期間，和紅味噌比起來鹽分少，保存期限也就比較短。此外，製造白味噌還要盡量去除引起梅納反應的糖分（碳水化合物）。與紅味噌蒸煮黃豆的方式不同，白味噌以水煮方式加熱黃豆，藉此除去溶入水中的糖分；另外，也會剝掉含有糖分的黃豆皮。在日本，白味噌多用於關西地區，其中最有名的是西京味噌。

◆從舔食到飲用

現今使用味噌的料理中，最知名的應該就是味噌湯吧。不過，當我們回溯味噌的歷史，會發現一開始味噌並不是用來煮湯，而是以舔食方式品嘗風味的食物。

一般認為味噌是在飛鳥時代，從朝鮮半島傳到日本的。當時的味噌是只用黃豆製作的豆味噌，名叫「醬」或「末醬」。日本人一直到平安時代之後，才開始用米釀造味噌。那時味噌是高級品，不是用舔食的方式淺嚐風味，就是抹在豆腐或蔬菜上食用；普通平民根本吃不起。

一直要到平安時代末期至鎌倉時代，味噌才開始用來煮湯。僧侶將味噌放入研磨缽磨成泥狀，倒入熱水沖開飲用，據說這就是味噌湯最早的起源。

味噌普及民間，是室町時代末期到江戶時代這段時間的事。其中，戰國時代更將味噌視為與米鹽同等重要的軍糧，各地武將紛紛獎勵製造味噌。從江戶後期開始，味噌的釀造方式就和現在差不多了，一般民眾也可在家中自行釀造。

曾是高級調味料的味噌，現在已是深入日本人生活的平凡調味料，家家戶戶都有喝味噌湯的習慣。最近，為了省下熬煮湯頭的工序，追求更快速煮出味噌湯，還有廠商推出內含湯頭的味噌。

這項產品可不只是在味噌內混入湯頭而已。因為味噌含有酵素，若直接加入湯頭，酵素會將湯頭中的鮮味分解，煮出來的湯就不好喝了。為了遏止酵素作用，必須經過加熱處理，只是長時間加熱又會破壞味噌的風味。

於是，味噌廠商研發能急速加熱、急速冷卻味噌的技術，終於成功推出內含湯頭的味噌。這款湯頭味噌的出現，讓味噌湯更加成為方便又普遍的料理。

竹の葉

TAKE-NO-HA

竹葉

竹子有多好，
日本人都知道

比保鮮膜性能更優的竹皮

菲律賓、印度等國家會用香蕉葉當盤子，在上面盛飯，裝咖哩或放麵餅。從院子裡的香蕉樹上隨手摘了香蕉葉就可直接拿來用，既環保又方便。不只如此，樹葉有抗菌效果，拿來做為餐具代替品也很有道理。

日本也有類似香蕉葉的東西，那就是竹皮。時代劇中，常可見到旅人從行囊裡拿出包在竹皮裡的飯糰吃，由此可知，對日本人來說，竹皮從以前就是用來包裹食物的材料，長久以來一直受到重用。

現在雖然很少人用竹皮了，以前的人倒是從來不怕沒竹皮可用。

竹子會在生長過程中脫皮，生長速度又快，據說一個晚上最多可脫下長達兩尺（一尺約三十公分）的竹皮。因為竹皮不斷脫落，人們只要撿拾竹皮就能直接使用，不但方便又環保，還不用擔心數量不夠。

竹皮也是性能優越的包裝材料——堅固不易破損，又具備防水性，還有抗菌性和適度的透氣性。與生有細毛的外側不同，竹皮內側光滑，用來包飯糰時海苔或飯粒不易沾黏，竹皮本身也不會吸收食物的油脂或水分。

現代人以保鮮膜取代竹皮，其實保鮮膜就是模仿竹皮內側那層光滑薄膜所製作的人工產物，只是保鮮膜沒有抗菌性，而且幾乎不透氣。相較之下，竹皮可說是非常優良的包裝材料。

此外，竹子本身也被日本人拿來做成烹飪工具或容器。蔬菜碰到金屬製品時風味會受損，使用竹製品就可保留食材原本的風味。

雖然現在保鮮膜、塑膠容器和金屬製的烹飪工具成為主流，還是能從日本人對竹製品的使用上看出昔日培養的生活智慧。

柿 KAKI

柿子

可用作防水
或防腐劑的「柿澀」

◆廣受日本人喜愛的澀味

經過品種改良或從栽培方式下功夫，日本產的水果不但美味，又讓人吃得放心安全，在海外的評價年年提升。

但唯有柿子這種水果不受好評。世界上栽種柿子的國家主要有中國與日本，西方看不到柿子，這或許是柿子在海外不受好評的原因之一，另一個原因大概是某些品種的柿子給人「味道很澀」的印象。

日本有甜柿，也有澀柿，兩種都受到廣泛使用。江戶時代的農業書《廣益國產考》中，有「甜柿要種在屋牆內，澀柿種在屋牆外果園即可」的描述。這是因為甜柿會被偷摘或讓動物偷吃掉，最好種在自己視線範圍的屋牆內。相較之下，澀柿不容易被偷，種在看不到的地方也沒關係。

不過，為什麼書裡連澀柿的種植方法都寫了呢？這是因為澀柿也有其用途。柿子分為甜柿與澀柿，即使是長在甜柿樹上的柿子，在未熟透前也有澀味。但是隨著果實越來越成熟，澀味就會消退，變成甜柿。此外，就算柿子殘留澀味，在做成柿乾後甜度也會提升，而且保存期限更長。

換句話說，無論甜柿還是澀柿，最後都有美味的吃法。不只如此，澀柿還能在生活中發揮不可或缺的功效。在沒有化學產品的時代，以柿汁自然發酵製成的「柿澀」，就被當作防水劑與防腐劑使用。

當防水劑使用時，可塗在紙傘上以防滲水，或是塗在漁夫用的漁網上；做為防腐劑使用時則是染料，如此染過的衣服就不容易發霉。

現代人使用柿澀的場合已經減少許多，唯獨做為染料時，因為有著獨特的顯色效果，至今仍受到許多人喜愛。

レトルト食品

RETORUTO-SHOKUHIN

殺菌袋裝食品

來自美國「軍事技術」，
世界首創
「市售」殺菌袋裝食品

◆從隨身攜帶的軍用食品獲得啟發

可以常溫保存，只要加熱就能食用，簡單方便的殺菌袋裝食品，是忙碌現代人堅強的後盾。因為它的方便性，全球市面上都能買到各式各樣的殺菌袋裝食品。而第一次「市售」殺菌袋裝食品的正是日本，第一款市售殺菌袋裝食品就是大家耳熟能詳的「Bon咖哩」。

為什麼要強調「市售」呢？因為殺菌袋裝食品本身並不是日本發明的。

或許有很多人以為殺菌袋裝食品的「retort」[1]，指的就是這種食品的包裝袋，其實不然。retort在化學領域原本是指具有高度氣密性的容器，在食品業界則是指高溫殺菌鍋；將食品放入這種殺菌鍋，並施以高溫及高壓，就能減滅細菌，使食物不易腐壞。

發明這個技術的美國陸軍，當初是為了取代罐頭軍糧而開發出這種方便攜帶的包裝。後來殺菌袋裝食品獲採用為太空食品，因而大受矚目。不過，由於美國食品衛生局一直不允許市售，也就沒有發展成市售食品。

日本企業注意到了這項食品，並從介紹真空包裝殺菌袋裝香腸的美國專門雜誌上獲得靈感，開始研究是否能將咖哩裝在殺菌袋內。問題是，最早的殺菌食品包裝袋透光又透氧，即使在冬天也只能保存三個月。此外，袋子本身還有不耐衝撞、在搬運途中容易破損的缺點。

經過一次又一次的改良，日本終於開發出不透光也不透氧的包裝袋，同時還能防止破損，一口氣將保存期限提高到兩年。

終於，一九六八（昭和四十三）年，世界第一包市售殺菌袋裝食品在日本上市，瞬間成為人氣商品。不僅如此，日本國內及海外其他廠商也紛紛投入殺菌袋裝食品的製造。

毫無疑問的，日本人是殺菌袋裝食品普及的一大推手。

＊註1——殺菌袋裝食品的日語是外來語「retort」。

ラーメン

RAMEN

拉麵

源自南京町的南京麵，
經過加拉巴哥式[1]進化，
蛻變為日本的國民美食

經過巧妙改造而大受歡迎

拉麵與咖哩同為日本具有代表性的國民美食，大家都知道日本的拉麵是以中國的麵食為基礎，經過一番獨特演變而成。在海外，外國人都分得出，中國麵食與日本拉麵是完全不同的兩種食物，喜好日本拉麵的人也越來越多。

試著找尋日本拉麵的根源，會發現最早的起源是「南京麵」。明治時代日本開國後，許多來自中國的華僑移民日本，他們群居的地方稱為南京町，也就是現在俗稱的中華街。在那裡，專為華僑而開的食堂裡提供的麵食，就是南京麵。

那麼，日本人是否馬上接受這種南京麵呢？答案是沒有。和日本人熟悉的烏龍麵或蕎麥麵清淡的口味不一樣，南京麵口味濃厚，這樣的重口味不合日本人胃口。於是，商家開始試著調整改造，像是加入日本人吃慣的柴魚湯頭或小魚乾、醬油等等。

在許多嘗試改造南京麵的店家中，一九一〇（明治四十三）年創立於淺草的中華料理店「來來軒」可說是開山始祖之一。來來軒的經營者是原本任職於橫濱海關的尾崎貫一，他為了做出符合日本人喜好的拉麵，聘請了十二位廣東出身的廚師，在錯誤中不斷進行嘗試，最後完成了醬油口味的南京麵。這道南京麵立刻大受好評，日式調味的南京麵開始蓬勃發展。

◆「南京麵」進化成「拉麵」？

就這樣，拉麵開始普及日本全國各地，每個地方都推出具有當地風格特色的拉麵口味。

舉例來說，味噌拉麵以北海道最有名，青森縣的津輕拉麵則是以沙丁魚為基底熬湯，用牛骨熬湯是山形冷拉麵的特色，使用蕎麥高湯的是岐阜的飛驒高山拉麵，使用小魚乾熬煮湯頭的是廣島拉麵，博多拉麵則以豬骨拉麵打出名號。拉麵的口味是如此繁多，雖然名稱都叫做拉麵，卻不能一概而論，這或許也是拉麵廣受歡迎的原因之一。

那麼，南京麵的名稱為何變成了「拉麵」呢？最有力的說法是來自麵條的製作方式——「拉麵」。拉麵在中文裡指的是將麵糰拉長延展的製麵手法，也就是以手拉麵的意思。

明治末期，開始有將南京麵定名為拉麵的店家出現，之後拉麵的名稱混亂了一段時間，同時有南京麵、支那麵、中華麵等稱呼。

直到一九五八（昭和三十三）年後，「拉麵」這個名稱才固定下來。這一年日本推出了速食麵，名稱就叫速食拉麵，隨著這個名稱的出現，加上隨時可泡來吃的便利性推波助瀾，「拉麵」這名稱一口氣普及於全日本。

就這樣，中國的麵食傳來日本後，經過巧妙的改造，進化為屬於日本自己的拉麵。直到現在，拉麵這種食物仍在不斷進化中。

＊註1——Galapagosization、ガラパゴス化。日本商業用語，意指在孤立環境（市場）下，獨自進行「最適化」，而喪失和區域外的互換性；也稱為加拉巴哥症候群、加拉巴哥現象。

カップラーメン

KAPPURAMEN

杯麵

從美國飲食文化獲得靈感，開發世界最初的「Cup Noodle」

◆在沒有筷子、碗公的國家吃拉麵

全世界一年消費約一千億份的速食麵，是在日本誕生的商品。速食麵由日清食品的創辦人安藤百福開發，於一九五八（昭和三十三）年發售。安藤在二戰結束不久後的寒空下，一邊發抖，一邊看著黑市裡拉麵攤販旁排隊的人群而起心動念，開發出一般家庭也能輕鬆煮來吃的速食麵。

之後，日清食品又推出只要有熱水就能沖泡來吃的速食杯麵。然而，和原本的速食麵不同的是，當初杯麵並不是為日本人而發明的，而是為了讓速食麵進軍全世界，才想出的商品。

安藤在美國的一次體驗啟動了杯麵的開發，那是他前往美國試圖推銷袋裝速食麵

「小雞拉麵」時發生的事。當他想請超市的採購人員品嘗速食麵時，卻發現手邊既沒有筷子，也沒有碗公。於是眾人只好把泡麵剝成小塊放進紙杯沖泡，並用叉子吃麵。

看到這一幕的安藤，驚訝於海外與日本餐飲習慣的不同。不過，這說來也是理所當然，世界上有許多國家沒有使用筷子與碗公用餐的習慣。而這次的經驗，讓安藤決定開發出用杯子沖泡、用叉子也能吃的速食麵。

◆挾持事件帶動杯麵的暢銷

開發杯麵的任務，得從杯子開始做起。裝泡麵的杯子必須是能用單手拿起的大小，要輕又要耐用，還得具有高度的隔熱性。當時的紙杯沒有辦法滿足上述條件，而且紙的味道容易附著在拉麵上，這也是紙杯的缺點。於是，日清食品決定自己製作容器，採用的材料是當時日本還很罕見的保麗龍。

接著，放入杯中的麵體又讓他們費了一番工夫。若是剛好能放入杯子的麵體尺寸，會在運送過程中產生因振動而碎裂的問題。為了解決這個問題，最後想出的解決辦法是，將麵體做得比杯底稍大，放入杯中後就能剛好固定在中間了。

如此這般，世界最初的杯麵「Cup Noodle」終於在一九七一（昭和四十六）年發售。刻意捨棄「拉麵」之名而用了「Noodle」做商品名稱，是為了強調這是一款嶄新的商品。

杯麵先在日本上市販售，可惜銷售量一直無法提升。沒想到，隔年發生了淺間山莊事件（聯合赤軍挾持人質事件），為杯麵帶來意想不到的廣告效果，銷售狀況為之一變。當時，日本電視台連日現場轉播這起事件，全日本的觀眾都守在電視機前屏氣凝神地關注事態發展。觀眾也在電視畫面中看到，機動隊員在嚴寒山中默默吃著熱騰騰「Cup Noodle」的情景。

這一幕使得「Cup Noodle」廣受矚目，日清食品立刻收到雪片般的訂單。隔沒多久，「Cup Noodle」也正式在美國展開銷售。

コンペイトウ
KONPEITO

金平糖

金平糖的星芒顆粒
是日本人的技術結晶

◆織田信長也喜歡的西洋點心

有著尖角星芒形狀的可愛金平糖，近年已很少見。不過，偶爾還是能在祭典時的攤販、柑仔店或土產店看到金平糖令人懷念的身影。

雖然給人一股懷舊復古的感覺，其實金平糖原本是室町時代末期，由傳教士帶到日本來的西洋點心。「金平糖」這名字，是源自葡萄牙語中表示砂糖點心或糖果意思的「confeitos」；除了「金平糖」外，漢字還可寫成「金米糖」、「金餅糖」等。

第一個吃到金平糖的日本人，據說是織田信長。耶穌會的傳教士路易・佛羅伊斯在寫給其他傳教士的信中，提到自己一五六九（永祿十二）年進獻金平糖給織田信長的事。據說，喜歡新奇事物的織田信長，當時對金平糖讚不絕口。

◆星芒數量代表日本人的講究

進入江戶時代，日本人也開始自己製作金平糖，井原西鶴的《日本永代藏》中便記載了金平糖的製作方法。先用砂糖乾煎芝麻或芥子，煎乾後放入鍋中，等每一顆芝麻或芥子都裹上砂糖結晶，漸漸地冒出尖角，就成了金平糖星芒般的形狀。

進獻金平糖給將軍時，每一粒糖的尖角必定是三十六道，象徵「天地六合」，六乘六等於三十六，在當時被視為吉利的數字。據說進獻前會檢查每顆金平糖的尖角數量，不到三十六或超過的就拿掉。因此，從金平糖的星芒形狀，也可看出日本人的講究。

不過，歐洲販售的金平糖和日本的不一樣，沒有星芒狀的尖角。

其實我們現在見慣的金平糖形狀，是日本人耗費大量時間與功夫製造出來的。現在製造金平糖時，以名為「新引粉」或「真引粉」的糯米碎片，取代古時做為「核心」的芝麻或芥子，先將「核心」放入傾斜的大鍋，再不斷地將融成糖

南蠻貿易地圖

當時，西班牙、葡萄牙積極造訪其他國家，
日本也和「南蠻」進行貿易往來。

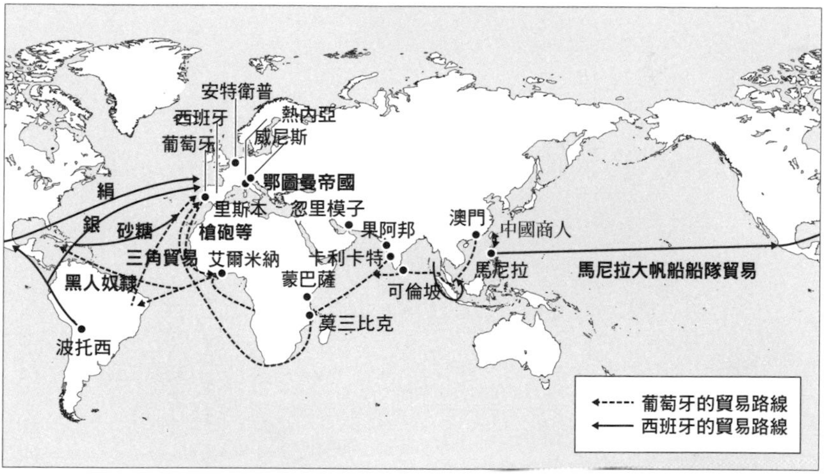

蜜的砂糖淋上「核心」，翻攪、煎乾後，再淋上新的糖蜜，三天左右會冒出砂糖結晶形成的尖角，繼續在尖角上淋糖蜜使其伸長，則要花上兩個星期。

這段時間，製作金平糖的師傅不能離開鍋邊一步，淋上糖蜜的時機與糖蜜的分量得視氣溫和濕度隨時調整，砂糖的結晶細緻脆弱，任何細微的變化都可能毀掉整鍋金平糖。

在師傅們毅力驚人的努力下，金平糖美麗的形狀才得以維持。

日本酒（之二）

日本酒（其ノ二）

NIHONSHU

在沒有麴的時代，借助唾液發酵的釀造法

◆古日本利用唾液之力釀酒

二〇一六（平成二十八）年上映，連好萊塢都決定拍成真人電影的賣座動畫影片《你的名字》中，有一幕是主角少女在祭事中咀嚼白米再吐出釀酒的情節。很多人看到這段劇情大受衝擊，也因此蔚為話題。但事實上，古代日本以這種方式釀酒是很普遍的事。

日本酒以米釀造，米本身卻不含糖分。為了促進米的發酵，需要將米內含的澱粉分解，使其糖化。現代釀酒在此步驟借助麴的力量分解澱粉，而日本人發現麴菌卻是彌生時代（西元前十世紀～三世紀中期）的事，在那之前，釀酒都得用唾液來促進發酵。

唾液中含有消化酵素，能分解穀類澱

粉，使其轉化為葡萄糖。我們平時吃飯或麵包，在嘴裡咀嚼幾十下後感覺越來越甜，就是因為消化酵素發揮了作用。

利用唾液的力量釀酒，首先要像電影裡那樣，把米或其他穀類放入口中仔細咀嚼，嚼碎後吐進容器。這麼一來，澱粉會因唾液的作用分解為葡萄糖，浮游於空氣中的酵母附著在葡萄糖上，引起酒精發酵。以這種方式釀出的酒稱為「口嚼酒」。

後來，日本人在彌生時代發現麴黴，開始用接近現代釀酒的方式，以麴黴來釀酒。據說是某次祭神的供品米飯長了黴菌，人們因而發現原來可以用這種方式釀酒。

不過在發現麴菌之後，口嚼酒依然傳承下來，直到近年仍有以這種方式釀造的酒。

長久以來，口嚼酒都是供神用的酒。沖繩的石垣島及北海道的紋別等地，至今還保留著用口嚼酒祭祀的傳統。負責嚼米的多半是清純的處女或巫女；有些地區則採用成群男女聚在一起嚼米後吐入容器的方式，也有些地方是一邊打鼓唱歌，一邊嚼米。

日本酒（其ノ三）

NIHONSHU

日本酒（之三）

評斷日本酒口味的三大重點

◆從酒精濃度、酸度和胺基酸度解析

有段時間喝日本酒的人似乎減少了，不過近來日本酒再度翻身，常可見到女性用紅酒杯品嘗日本酒的景象。此外，海外國家受和食潮流帶動，日本酒也連帶受到矚目。不少日本酒藏為了將自家商品介紹給海外餐廳，積極前往當地造訪推銷。

但日本酒的味道在實際入口前很難想像，靠自己選擇品牌品酒的門檻很高。即使可參考商標說明，大部分酒標頂多只註明吟釀酒或純米酒之類的分類。

這種分類方式能讓消費者分辨釀造方法，卻無法得知口味上的差異。因此，想分辨日本酒的口味，可從以下三個重點著手——

首先看「日本酒度」。日本酒的釀造過程，是藉由米麴菌將米的澱粉質轉化為糖分，再由酵母將糖分發酵成酒精。若這個過程半途停手，釀出的就會是留下大量糖分的日本酒。相反地，拉長酵母將糖分發酵成酒精的時程，就會釀出糖分少、酒精濃度高的日本酒。

日本酒度是將水的比重設為零，上下加減十度的數值。酒精濃度越高，度數值就越往正數增加；糖分越高，度數值就越往負數增加。簡單來說，正數值的日本酒口味偏辛辣，負數值則偏甜。

第二個重點是「酸度」。這裡所說的酸度，指的是包括琥珀酸和乳酸等酸度的總量；酸度越高，日本酒口味越辛辣；酸度越低，則口味越甜。

最後一個重點是「胺基酸度」，胺基酸越多，日本酒的口味越醇厚。

不過，日本酒的口味組成實在是很複雜，有時將日本酒度正數值與負數值拿來試喝比較，負數值的酒喝起來竟然感覺比較嗆辣，正數值的口味還比較甜。

只能說日本酒這門學問實在太深奧了。

日本酒（其ノ四）

NIHONSHU

日本酒（之四）

純正代表
日本風土的酒

◆將米發酵需要哪些工序

日本酒的原料是米，葡萄酒的原料是葡萄。然而，這兩者不僅原料不同，釀造工序也大相逕庭。

釀造日本酒的工序如下：（一）精米；（二）洗米；（三）浸漬；（四）蒸米；（五）製麴；（六）製作酒母；（七）投料；（八）製醪；（九）上槽；（十）入火（加溫殺菌）；（十一）貯藏；（十二）加水；（十三）裝瓶；（十四）貼標；（十五）出貨。

其中，釀造日本酒特有的工序是（四）蒸米、（五）製麴和（六）製作酒母。米中不含糖分，因此需要靠麴將澱粉糖化，再加入酵母。

首先蒸米，讓澱粉進入容易分解的狀態，再添加麴菌。接著，在麴菌將澱粉轉化為糖的當下添加酵母，製作釀酒的基底「酒母」。

相較之下，葡萄酒因為原料葡萄已含有糖分，釀造時不需上述步驟，只要直接把酵母加入果汁就可開始發酵。

此外，日本酒還有一道將水、麴和蒸過的米加入酒母的「（七）」投料步驟，在日語中稱為「仕込」，以工序來說，需要分成三次投入原料，所以又叫「三段仕込」。這麼做的原因在於：若一次投入所有原料，會讓酵母的作用變慢，造成細菌繁殖的疑慮。

正因日本酒的釀造必須如此花費時間、精力發酵，完成的日本酒原酒的酒精濃度高達百分之二十，比葡萄酒高上許多。

◆米和水是唯二要角

從上述釀造工序也可看出，日本酒的原料幾乎只有米和水，這兩大原料的味道大大影響了完成後的日本酒口味。既然如此，哪種米和水才適合釀造日本酒呢？

用來釀造日本酒的米稱為「酒造好適米」，簡稱「酒米」。和我們平常吃的食用米一樣都是粳米，只是一如名稱顯示，因為具有適合釀酒的特徵而分類為酒米。

酒米比一般食用米顆粒大，因此含有較多澱粉質，特徵是米粒中稱為「心白」的中央部位特別大。

還有酒米的吸水性佳，具有容易氧化的特性。

此外，能增添鮮味的蛋白質及脂質放在食用米上原本是優點，用來釀造日本酒時卻會產生雜味。

因此，只含極少量蛋白質與脂質的米才適合釀酒。也就是說，吃起來好吃的米未必適合釀酒。

那麼，水又是如何呢？

首先，水中若含有鐵或銅等金屬成分，釀出的日本酒將容易氧化，應選擇含此類成分較少的水。

水可分成硬水及軟水，知名的「灘之宮水」[1]被認為是很適合釀造日本酒的水，其水質就屬於硬水。

硬水含有較多礦物質，礦物質是酵母的養分，因此，使用硬水釀造的酒發酵

日本酒的釀造工序

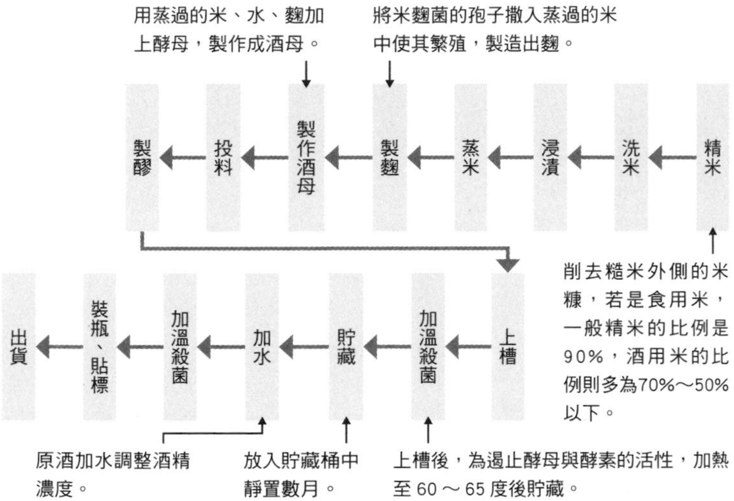
用蒸過的米、水、麴加上酵母，製作成酒母。
將米麴菌的孢子撒入蒸過的米中使其繁殖，製造出麴。
精米
洗米
浸漬
蒸米
製麴
製作酒母
投料
製醪
削去糙米外側的米糠，若是食用米，一般精米的比例是90%，酒用米的比例則多為70%～50%以下。
上槽
加溫殺菌
貯藏
加水
加溫殺菌
裝瓶、貼標
出貨
原酒加水調整酒精濃度。
放入貯藏桶中靜置數月。
上槽後，為遏止酵母與酵素的活性，加熱至 60 ～ 65 度後貯藏。

速度快，容易釀造出口感辛辣爽口的酒。

反之，用礦物質含量少的軟水釀酒時，由於發酵速度慢，釀出的酒能保留更濃的米香，口味醇厚。

若使用軟水，耗費在釀造的時間和步驟也多，因此現今使用硬水釀造的日本酒比較多。

＊ 註1 —— 位於日本兵庫灘區的泉水，為日本百選名水之一，一直以來被公認是釀日本酒的絕佳好水。

日本酒（之五）

日本酒（其ノ五）

NIHONSHU

陳年日本酒與葡萄酒的滋味變化

◆為何陳年日本酒如此稀有？

一般來說，高價的葡萄酒都是越陳（熟成時間越久）越好喝。葡萄酒瓶上記載的年份之所以重要，這就是原因之一。只要看年份，馬上就知道那是熟成幾年的葡萄酒。

那麼，同為釀造酒的日本酒又是如何？是不是覺得好像很少聽人提到「陳年日本酒」？事實上，關於日本酒長期熟成的研究才剛展開沒多久。

日本酒過去之所以很少嘗試長期熟成，原因或許出在原料與葡萄酒的不同。葡萄酒的原料葡萄一年只收成一次，摘下後又很容易腐壞，若想長期保存，除了釀成葡萄酒，大概也少有其他方法了。

此外，每年的氣候都會影響收成葡萄的

好壞；再者，有些葡萄釀成的酒早點喝比較美味，有些葡萄釀成的酒存放十年以上比較好喝。因此，必須區分馬上就喝和長期保存的種類。

長期熟成葡萄酒的背後，有著「怎麼做才最不浪費葡萄」的知識與智慧。

反之，做為日本酒原料的米，只要乾燥就能保存一定程度的時間，不像葡萄有必須馬上拿去釀酒的急迫性。也就是說，日本酒想喝多少就釀多少，不需要多釀起來存放。米在日本原本就是主食，酒米的栽種也沒多到必須長期保存不可的地步。

另一個原因是，日本酒在不同溫度下，會產生不同的口味及香氣變化。

據說只要溫度改變五度，日本酒的口味就會產生變化，同一款日本酒可以做成五度的冷酒，也能以常溫二十度享用；加熱的話，可做成三十五度的「人肌燗」、四十度的「溫燗」或五十度的「熱燗」，品嘗日本酒的方式就是這麼多，不用等待熟成也能充分享受喝日本酒的樂趣。

話雖如此，最近越來越多人愛上陳年日本酒獨特的香氣了。

一九八五（昭和六十）年，為了分享日本酒長期熟成的技術和共同開拓陳年日本酒的市場，長期熟成酒研究會正式展開運作。

根據這個研究會的定義，長期熟成酒（陳年日本酒）指的是「製造後放置滿三年以上的日本酒，但糖類添加酒與釀造酒除外」。也就是說，只要是釀造後放置三年以上的特定名稱酒（吟釀酒、純米酒、本釀造酒），都屬於陳年日本酒。

日本酒的長期熟成研究歷史尚淺，關於種類及熟成帶來的口味變化，目前還有很多未釐清的部分。不過一般來說，熟成時間越長，口味就會變得越濃烈醇厚。

味付け

AJITSUKE

調味

樽迴船[1]使關東與關西的酒產生口味上的差異

濃口醬油的誕生祕辛

若以口味喜好來做比較，普遍而言，以東京為中心的東日本偏好濃重口味，以大阪為中心的西日本則偏好清淡口味。同樣在日本，為什麼會發展出這種口味喜好上的差異呢？

自幕府開設之後，江戶原本就是武士與勞工聚集的城市，大部分的人喜歡吃能攝取到較多鹽分的偏鹹重口味食物。相較之下，因為北前船運來大量昆布，受到這一點影響，關西地區發展出蓬勃的湯頭文化。

另一個說法是，關東、關西兩地貨運狀況不同，造成民眾對口味的喜好顯得更加涇渭分明。

江戶時代，各地物產皆集中運輸到商業

都市大坂（即大阪）。一度運到大坂的食品及日用品，再從這裡以船運方式運往江戶。日本酒也一樣，以美味聞名的灘之酒也用船運到江戶。

從大坂到江戶的船程大約半個月。送抵江戶的日本酒從品川沖送到新川的批發酒商處，再從這裡配送到各地酒行。換句話說，灘之酒運到大坂後，得再花上半個月時間才能喝進江戶人口中。

當時的酒裝在杉木酒桶裡，船運期間，桶中酒液隨波搖晃，無論如何都會沾染上杉木的香氣。喝有濃郁杉木香氣的酒時，如搭配的飲食過於清淡，味道就會被酒香蓋過。因此，江戶人為了抵銷酒中的杉木香氣，漸漸偏好搭配重口味的食物。

另一方面，關西這邊距離釀酒的酒藏近，裝入杉木桶的酒還來不及沾染木頭香氣就運到手中了，喝起來也幾乎沒有木香，較為清爽。自然而然地，搭配的就是口味清淡的食物。

此外，關西比關東更容易捕獲新鮮的海鮮類，為了突顯食材本身的美味，調味也不適合太濃重。

不管怎麼說，由於各地物產最初集散地是關西的商業城市大坂，西日本也因此發展出對清淡口味的偏好。

◆「那種調味料」最早誕生於關東

這種對口味喜好的差異，促成了江戶一帶濃口醬油的誕生。在那之前，不只日本酒，醬油及鹽等調味料，通常也從關西運往江戶，但是，偏好重口味的道地江戶人對醬油的需求量很大。

再加上江戶人口成長迅速，醬油的消費量跟著大增，光從關西運到江戶的「溜醬油」[2]已追不上江戶人的需求。

於是，江戶人開始自己使用附近常陸地方（幾乎是現今茨城縣的九成）產的黃豆、下總地方（現在千葉縣北部與部分茨城縣）及武藏地方（現在的東京都和埼玉縣、部分神奈川縣）產的小麥，以及行德地方（現在的千葉縣）產的鹽製作醬油。這時的目標是比一年熟成的溜醬油花更少時間熟成，並且釀出江戶人喜愛的重口味，如今仍受東日本民眾愛用的濃口醬油就此誕生。

＊註1——江戶時代，從京都一帶運酒到江戶的貨船。

＊註2——產於日本中部，也是該地區民眾常用的醬油種類。不同於以等量黃豆與小麥釀造的濃口醬油，溜醬油幾乎只用黃豆製造，適合用來當生魚片醬油等沾料。

第
3
章

食在養生！揭開和食蘊藏的祕密「效能」

長壽大國日本——
掌握長壽祕密的關鍵，果然和「飲食」脫不了關係。
讓我們重新來檢視，
日本人早已關注且盡可能發揮的和食「力量」是什麼。

漬物 TSUKEMONO

醃漬食品

超過六百種
具有整腸效果的健康食品

◆享受各式口味的醃漬食品

醃漬食品是和食中的最佳配角。只要有好吃的醃漬食品，可能很多人就能多添一碗白飯吧。醃漬食品需要鹽，而四面環海的日本正好有取之不盡、用之不竭的鹽，潮濕溫暖的氣候也最適合製作醃漬食品。因此，日本自古以來就有醃漬食品的習慣，奈良時代的木簡上甚至可找到鹽漬瓜果和青菜的記述。

醃漬食品並非日本獨有的食物，例如中國有榨菜、韓國有泡菜、歐美有酸黃瓜，這些都是醃漬食品。不過，日本的醃漬食品種類豐富，不輸任何一個國家，除了茄子、小黃瓜、白蘿蔔、紅蘿蔔和白菜等適合醃漬的蔬菜種類豐富外，還擁有味噌、酒糟、米

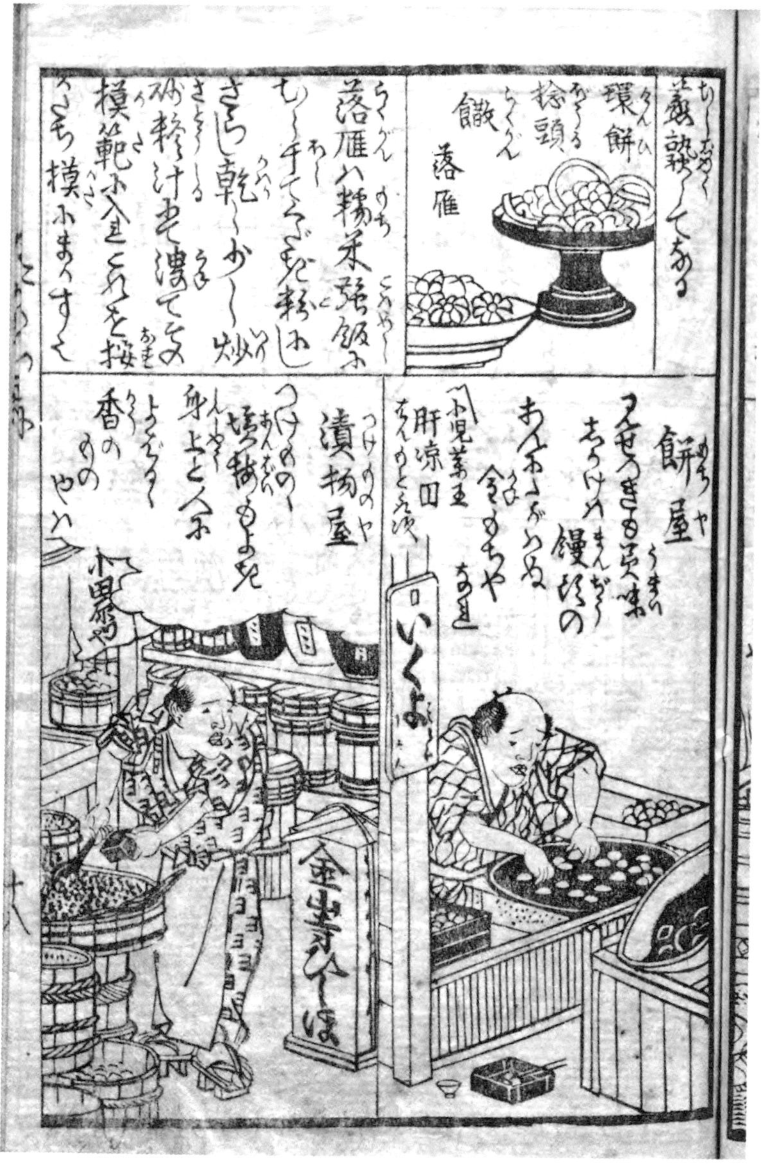

十邊舍一九的《寶船桂帆柱》中描繪的醃漬食品店，
一八二七（文政十）年出版。
（典藏於日本國立國會圖書館）

糠、麴、酒酵等多種醃床。

此外，日本人更發明了五花八門的醃漬方式，據說現在日本共有超過六百種以上的醃漬食品。

◆醃漬食品是鹽分攝取過多的原因嗎？

日本醃漬食品種類繁多，稱霸世界。近年來，有很多人認為鹽分過多是造成高血壓等生活習慣病發作的元凶，因此對醃漬品敬謝不敏。

然而，有一份消除這個負面印象、挽回醃漬品名聲的研究報告發表了。

根據財團法人鹽事業中心於二〇一〇（平成二十二）年進行的研究報告，日本每一位國民一天的食鹽攝取量中，來自醃漬食品的攝取量僅占百分之五・七。與此相比，來自麵包或麵食的鹽分攝取量有百分之七・五，來自魚類等海鮮、水產加工品的鹽分攝取量是百分之九・四，都比醃漬食品還多。由此可知，似乎不能一概而論地說「醃漬食品導致鹽分攝取過量」。

更何況，醃漬食品對健康反而有幾項好處。比方說，吃大量生菜不是一件容易的事，但用鹽醃漬過的蔬菜因為去除了水分，分量瞬間少掉許多，製作成醃漬食品來食用的話，可吃到等量生菜四倍的纖維素。

此外，醃漬食品屬於發酵食品，具有將乳酸菌等益菌送往腸內的作用。換句話說，吃醃漬食品或許也能達到喝優酪乳、或是吃乳製品的整腸效果。

不僅如此，想攝取蔬菜內的維生素，透過醃漬食品再適合不過了。這是因為維生素類的營養素不耐熱，一加熱就會流失；吃醃漬食品等於生食，沒有加熱流失的問題。再加上發酵菌能蓄積維生素，吃醃漬蔬菜比吃生菜能攝取到更多的維生素。

因此最近也開始重新檢視醃漬食品，再次體認到醃漬食品是日本人的智慧結晶。

梅干

UMEBOSHI

酸梅乾

廣受世界矚目的酸梅乾
藏有什麼威力？

從中藥變身為食品

時至今日，酸梅乾已是飯糰、茶泡飯及粥飯不可或缺的好夥伴。然而，大約一千五百年前從中國傳到日本時，酸梅乾並非食品，而是醫治腹瀉、嘔吐和食欲不振的藥品。當時的外型也和現在的酸梅乾不同，不是燻製青梅，就是乾燥後當作中藥。

之後不確定從什麼時候開始，日本人想出以鹽醃漬梅子製成的酸梅乾；到了戰國時代，這樣的酸梅乾還成為軍糧。直到江戶時代，酸梅乾已普及於庶民百姓，家家戶戶都能自己醃漬酸梅乾。

用鹽和紫蘇醃漬的酸梅乾最為人所熟悉；用酒或蜂蜜醃漬梅子，也別有一番風味。日本人想出各式各樣醃漬酸梅乾的方

酸梅乾的效用

①	消除疲勞	在檸檬酸的作用下，抑制造成疲勞的乳酸產生。
②	促進食欲	加強胃腸的活性化，增進食欲。
③	防止胃潰瘍	抑制幽門桿菌的活動。
④	防腐、抗菌	檸檬酸能防止細菌增殖，鹽分能強化抗菌作用。

式，儘管梅子的原產國是中國，如今酸梅乾卻是日本的特產品了。

◆「吃酸梅乾就會恢復活力」的科學根據

酸梅乾原本就被當成藥物使用，這麼說或許也不無道理。在酸梅乾成為普遍的食品之後，人們還是繼續用酸梅乾來調養身體。平安時代中期就曾留下村上天皇身體不適時，喝了加入酸梅乾泡的茶而痊癒的紀錄。現在也常聽到感冒的人用酸梅乾恢復食欲。

酸梅乾的確已被證實具有許多功效。

第一種是消除疲勞，恢復活力，因為酸梅乾含有檸檬酸、蘋果醋和琥珀酸等有機酸成分。舉例來說，已知攝取檸檬酸可抑制疲勞物質乳酸的產生，也具有分解乳酸的作用。

第二種功效是活化腸胃運作。上述有機酸能促進胃酸分泌，保護胃黏膜，也能幫助腸子蠕動，達到通便效果。此外，很多人光看到酸梅乾就會流口水，酸梅乾的酸具有促進唾液分泌的作用，而唾液分泌越多，對消化就越有幫助。

第三種是改善胃內環境的功效。酸梅乾含有名為Syringaresinol的抗氧物質，具有抑制幽門桿菌活動的效果。

最後是大家都知道的，防腐及抗菌功效。除了酸梅乾內含的檸檬酸能抑制細菌增長外，已證實鹽分也有促進抗菌作用的效果。以前的人會在便當裡放一顆酸梅乾，就是希望發揮這種效果。

諸如此類，正因人們從經驗得知酸梅乾能當作保存食物，吃了有益健康，日本人才會持續食用酸梅乾。

果物

KUDAMONO

水果

日本料理糖分高，
不再附上甜點

◆從甜點看日本料理與西洋料理的差異

上義大利、法國等歐式餐廳用餐時，最後一道上桌的，大概都是蛋糕或冰淇淋之類的甜點。那麼，日本料理店最後一道菜都會上羊羹或小饅頭之類的和菓子嗎？想想並沒有，幾乎都是以「水菓子」做為最後一道菜。

所謂「水菓子」，就是水果。日語中，樹的果實稱為「果」，草的果實則稱為「菓」，菓子則是草木果實的總稱。為了和人工製造的甜點「和菓子」做區別，以天然水果當甜點時，就用「水菓子」來稱呼。

日本料理最後頂多端上水果當甜點，而且在會席料理中這麼做也是近年才有的習慣。換句話說，和食料理原本沒有甜點的概念，用餐之後不會再吃其他甜食。

為什麼日本料理長久以來都沒有附上甜點的習慣，只要觀察日本料理的內容就會知道原因了。

日本料理中有許多像滷煮或熬煮之類使用砂糖、味醂調味的料理，搭配日本料理的日本酒糖分也高，更別說主食米飯分解後就成了糖分。正因日本料理含有如此高的糖分，餐後就不需要再吃甜點了。就算餐後附上甜點，比起和菓子那種甜味重的東西，清爽的水果更受人喜愛。

相較之下，西洋料理的調味以鹽和胡椒為主，連製作醬汁也不太使用砂糖。搭配食物的葡萄酒雖是以水果釀造，糖分卻比日本酒低，喝起來口味與其說偏甜，不如說偏酸。

因此，西方人用餐後沒有攝取足夠糖分的感覺，就會想來點甜食，餐後甜點就是這樣開始提供的。

換句話說，甜點不單只是餐桌上的裝飾品，會被放入菜單裡，與料理的內容有必然的關聯性。

山葵

わさび

WASABI

吃壽司或生魚片搭配山葵，是為了預防食物中毒

◆山葵的效用不只是去除魚腥味

吃壽司及生魚片時不可或缺的山葵，往往被認為是日本特有的提味佐料。其實，山葵還分成西洋山葵和日本山葵。

西洋山葵是歐洲原產的多年生草本植物，紀元前希臘人已懂得使用；一世紀左右，羅馬帝國也拿西洋山葵來做為辛香料使用；十三世紀的德國人則用西洋山葵製作醬汁，後來傳到英國。在西洋料理中，西洋山葵經常與醬汁和烤牛肉一起食用。

另一方面，日本山葵是日本原產的多年生草本植物，在日本發展出獨特的使用方法。日本山葵最早出現在飛鳥時代的飛鳥京苑池遺址（奈良縣明日香村）出土的木簡上，可見飛鳥時代的日本人已知山葵這種植

物的存在。此外，撰寫於平安時代的日本最古老藥草辭典《本草和名》中，也有關於「山葵」的記載，當時是被當作藥草使用。

自然生長的山葵到江戶時代初期，才開始以人工栽培方式種植，最早是種植在靜岡市一帶。進獻將軍的山葵風味深受德川家康喜愛，據說他還曾下令不得外流。一直到文化・文政年間（一八〇四～一八三〇年），山葵才演變為現今這樣用在壽司上的提味佐料。當時江戶掀起一股吃握壽司的潮流，山葵也跟著一口氣普及於庶民之間。

入口嗆鼻的辛辣山葵，之所以成為家喻戶曉的壽司提味佐料，其實是有原因的。能夠去除魚腥味、襯托生魚片的美味當然是原因之一，更重要的是，山葵具有抗菌效果。

江戶時代不像現代有冰箱，對食品衛生還是存在風險和疑慮。在那樣的環境下，江戶時代的人們從經驗中學到山葵具有抗菌效果，便將這種植物活用來預防食物中毒了。

能消除魚腥味、又可預防食物中毒的山葵，對嗜食壽司和生魚片的日本人來說，絕對是不可或缺的提味佐料。

牛蒡

ごぼう
GOBO

能幫助腸內維生素的產生，
是日本人喜歡的食材

◆營養價值低，卻有令人意外的功效？

從「金平牛蒡」[1]到牛肉與牛蒡的「時雨煮」[2]，日本有許多料理都使用牛蒡，尤其在關西地區，牛蒡甚至是年菜不可或缺的食材。

但是放眼世界，除了日本之外，幾乎沒有其他國家吃牛蒡。

牛蒡的原產地在歐洲，之後傳到中國；中國在宋朝時曾食用牛蒡，但後來只當作藥用。

牛蒡傳來日本是繩文時代的事，當時已經做為食材運用了。

牛蒡幾乎無法消化，又是營養價值極低的食材。基於此，除了日本，其他國家都給牛蒡很低的評價，認為牛蒡是不值一吃的根莖類植物。但不知為何，日本將牛蒡水煮後沾鹽或味噌來吃，江戶時代還發明只將比芯柔軟的皮削下來吃的調理方式。

被全世界認定不適合當食物的牛蒡，卻在日本誕生一道又一道的料理，原因或許是日本人早就發現牛蒡的用處，它其實具有令人意外的功效。

雖然牛蒡本身只含有少量維生素，卻能對腸內維生素的產生做出貢獻。牛蒡進入腸內之後，能活化腸內細菌，促進維生素的產生。也就是說，牛蒡的纖維具有促進維生素增生的作用。此外，牛蒡纖維還能讓膽汁酸增多，可有效防止膽固醇增加。

儘管其他富含纖維素的蔬菜也能達到上述功效，但牛蒡的食物纖維含量卻遠遠超越其他蔬菜。原本只被當作藥用的牛蒡，只要花費工夫處理，也能成為美味的食材；日本飲食文化的深奧，實在令人深深佩服。

＊註1——以醬油和味醂、砂糖等調味的炒牛蒡。

＊註2——用生薑、醬油和砂糖調味的燉牛肉。

枝豆

EDAMAME

毛豆

下酒菜
絕對少不了它

拯救了啤酒屋的毛豆

說到日本啤酒的最佳拍檔，應該就是毛豆了吧。方便食用、帶點甜味的毛豆，和啤酒的微微苦味正好絕配。鮮豔的綠色也和啤酒的色澤相映成趣，可說是啤酒的招牌下酒菜，也是夏天具有代表性的景物之一。

事實上，啤酒配毛豆是非常有道理的組合。毛豆含有促進酒精分解的甲硫胺酸，以及能分解酒精中糖分的維生素B_1和恢復肝功能的鳥胺酸，具有防止宿醉及消除疲勞的效果。毛豆中還含有維生素A和維生素C及蛋白質、食物纖維，能發揮預防中暑的效用。

毛豆也是啤酒普及日本的推手之一。明治時代中期，各地紛紛興建啤酒屋，店家最大的煩惱是找不到適合啤酒的下酒菜。在那之前曾推出佃煮、魚乾、生海膽等日式料理，或是海鮮製成的下酒菜，客人的反應卻不太熱烈。這時有人說，不如拿毛豆試試看吧。毛豆不僅口感好，價格便宜，不用筷子就能吃，頓時大獲好評。

更重要的是，毛豆的盛產季節是初夏到入秋，正好與啤酒最美味、也是啤酒屋生意最好的季節重疊。

就這樣，毛豆成了啤酒屋必備的下酒菜，後來更進入一般家庭，穩坐啤酒下酒菜的冠軍寶座。

◆又名「枝豆」[1]的趣味由來

毛豆是黃豆未成熟的狀態。為何在成熟前就拿來食用？關於這點有幾種說法，其中之一是可能受到飢荒影響。天平時代，日本遭逢好幾次飢荒，受飢餓所苦的人們等不及黃豆熟成，就把還青綠的豆子直接拿來吃。

毛豆栽培簡單，以前的人都種在田畦旁，所以毛豆最早稱為「畦豆」。為什麼後來名稱變成了「枝豆」呢？這是因為江戶時代，賣毛豆的人直接連枝帶葉扛著剛採下的毛豆沿街叫賣，「連枝帶葉的豆子」，簡稱就成了「枝豆」。

至於為什麼要連枝帶葉地賣，是因為毛豆莢只要從枝子上摘下來就會快速失去鮮度，流失糖分，導致味道變差。

這也是至今還能看到青果行或超市販售帶枝葉毛豆的原因。

不過，毛豆這種摘採後無法維持新鮮度的缺點，在近年冷凍技術進步下已能克服。從豆莢中取出的毛豆，只要以鹽水快速燙過送入冷凍，風味就不會流失，保存或運送都沒問題。

消費者買回冷凍毛豆，要食用時再從冷凍庫拿出來解凍，輕輕鬆鬆就能邊喝啤酒邊享用美味的毛豆了。基於這樣的便利性，冷凍毛豆近來在海外也成為廣受矚目的食物。

＊註1——日語中，毛豆的漢字為「枝豆」。

コーヒー

KOHI

咖啡

幕末武士當藥喝的茶包式咖啡

◆可預防腳氣病與水腫？

咖啡是現今廣受世界各地人士喜愛的飲品之一，日本人也很享受喝咖啡的樂趣，以普及程度來說，僅次於美國及巴西等國家，日本已成為世界排名第四的咖啡消費國了。

咖啡於江戶時代傳入日本，據說是經常出入長崎出島的荷蘭人帶來的。咖啡這個詞彙，最早出現在西元一八〇〇（寬政十二）年撰寫的《長崎聞見錄》中。

然而，和現在不同的是，當時咖啡並不合日本人的口味，實際喝咖啡的只有與荷蘭人往來的口譯員和遊女等極少數人。

在這樣的情況下，除了長崎出島的人之外，日本其他地方也有人喝咖啡。一八五五（安政二）年，前往蝦夷之地（現在的北海道）守衛北方的弘前藩士們獲得咖啡做為配給品，做為預防腳氣病與水腫的藥物。

此外，一八五七（安政四）年，箱館奉行所的幕臣們也收到配給的咖啡豆，目的同樣是為了預防腳氣病。

換句話說，當時的咖啡並非為了滿足味覺享受的飲品，而是做為藥物使用。當成藥物配給時，都會附上詳細的服用指示。前往蝦夷之地的幕臣拿到的《蝦夷地御用留》上就記載著咖啡豆的用法是，「先將豆炒黑，再盡可能磨成細粉，裝入麻袋中放入熱水浸泡，泡出顏色即取出」，看來是以沖泡紅茶包的方式飲用。

相信咖啡是藥的幕臣們，按照指示喝了咖啡。但實際上，咖啡並沒有預防腳氣病或水腫的功效。不僅沒有，咖啡內含的咖啡單寧酸還會妨礙維生素 B_1 的吸收，對預防腳氣病可能造成反效果。

◆為何將咖啡當成藥物？

既然如此，當時咖啡為何被當作藥物使用呢？一八二三（文政六）年以醫師身分來日的西博德著作《江戶參府紀行》中或許能找到答案。西博德在這本書中指出，要將咖啡推銷給日本人，效果最好的宣傳用語就是「喝了有助長壽」。既然日本人無法將咖啡當作飲品享用，不如就當成藥物來宣傳吧。

就這樣，起初被日本人當成藥物的咖啡，一直要到進入明治時代後，才成為眾人熟知與喜好的飲品。西元一八八八（明治二十一）年四月，上野西黑門町開了日本第一家咖啡店「可否茶館」。進入明治末期，咖啡店以都會為中心在各地如雨後春筍般開幕，其中以總店位在銀座的「CAFE PAULISTA」最受歡迎，至此，咖啡這種飲品終於迅速普及全國。

「CAFE PAULISTA」在關東大地震後關閉，戰爭時改名為日東咖啡，一九七〇（昭和四十五）年重新在銀座八丁目開設，營業至今，店內還可喝到重現創業時口味的「PAULISTA OLD」，享受和當年相同的咖啡滋味。

懷石料理

KAISEKIRYORI

懷石料理

修行僧人果腹的食物，
講求營養均衡的山產料理

◆原是用來配茶的簡樸料理

懷石料裡是充滿日本精神的全席料理，按順序上菜，給人只有在高級料亭才能吃到的高級料理印象。

然而，與這奢華的印象正好相反，懷石料理其實是由品茶或茶道活動中充飢的簡單食物發展而成的簡樸料理。不僅如此，它的起源還和佛教修行僧人抵禦空腹的巧思有關。

鎌倉時代，禪寺中修行的僧人每天只吃早午兩餐，總在飢腸轆轆中忍耐，無法專心修行。為此感到困擾的他們，只好將溫熱的石頭放在肚子上打發空腹與夜晚的寒冷。

飢餓的僧人還不斷喝茶，想藉此填滿空腹。然而光喝茶不吃東西，茶內的單寧成分又會傷胃。漸漸地，僧人們在喝茶時，也會吃一點簡樸的食物墊胃了。

據說這就是日本料理形式之一「會席料理」的起源。又因為僧人將溫熱石頭放入懷中的舉動，後來漢字改寫成「懷石料理」[1]。現在懷石料理的基礎是飯、湯、向付（生魚片）、燉菜與燒烤組成的「一汁三菜」形式，有時也會端上強餚（主菜）、八寸（季節小菜）及香物（醃漬蔬菜）等。

懷石料理來自禁止殺生的佛教，又在寺院林立的京都盆地發揚光大，其特徵是食材經常使用蜂斗菜和蕨菜等山菜。此外，講求營養均衡也是懷石料理的特色。

從現代營養學的觀點來看，懷石料理可說是面面俱到。比方說，懷石料理常用的蜂斗菜含有豐富鐵質與維生素C，具有幫助消化的作用。蕨菜或紫萁等蕨類則含有豐富的礦物質和鐵質。

古時僧人們從手邊能取得的食材思考如何有效率地攝取必須營養素，結果造就了如今風格洗練的懷石料理。

＊註1——「會席」與「懷石」在日語中發音相同。

鰻
UNAGI

鰻魚

日本人盛暑必吃的活力食物

平賀源內的宣傳文案帶動風潮

每到土用丑之日，日本大街小巷就瀰漫著一股烤鰻魚的香氣，全國上下都能吃到烤鰻魚。電視新聞報導鰻魚餐廳前大排長龍的情形，超市和便利商店的鰻魚商品銷量大增。

以曆法來說，所謂「土用」指的是每年立春、立夏、立秋、立冬前十八天。一年本該有四次「土用之日」，只因現在立秋前土用丑之日吃鰻魚的習慣普及，一般提到「土用之日」時，指的多半是夏季的土用之日。夏季的土用之日適逢七月底八月初的酷暑時節，此時人們應該喜歡吃涼麵之類清爽的食物，為何吃起重口味又油膩的烤鰻魚呢？最可靠的說法是，江戶時代的戲作者[1]兼博物學者平賀源內帶動了這樣的風俗習慣。

據說，有一次鰻魚店老闆因夏天生意不好，找上源內諮詢。源內心想，也難怪生意會不好，大家夏天都熱得沒有食欲了，當然提不起勁特地去吃鰻魚。

於是源內為鰻魚店老闆想出一句宣傳文案——「土用丑之日，吃鰻魚養氣補身」。眾所皆知，鰻魚原本就是營養的食物，加上日本人有在「丑之日」吃與「丑」字發音開頭相同的食物，如梅乾、瓜類等的習慣，鰻魚的開頭發音也與丑相同（以上皆指日文發音），既然如此，不如宣導夏天就要吃鰻魚養氣補身吧。

這個點子大獲成功，人們開始爭相於土用丑之日吃鰻魚。這個習慣一直持續到現代，土用丑之日儼然成為「吃鰻魚的好日子」。

那麼，吃鰻魚真的能養氣補身、增添精力嗎？營養學證明這個觀點是對的。鰻魚含有豐富的維生素A、維生素B_1和蛋白質。維生素A能提高身體的抵抗力，維生素B_1有促進食欲的功效，還能幫助醣類轉化為能量，維生素B_2則有消除疲勞的作用，而蛋白質又是構成身體的重要元素。

因此，吃鰻魚能使虛弱的身體恢復活力，當年源內想出的宣傳文案，還真的一點也沒說錯。

＊註1——「戲作」是江戶時代後期通俗小說類的總稱，戲作的著者稱為戲作者。

燒酎

焼酎 SHOCHU

散發釀酒原料的鮮活芳香，
素有「喝的香水」之稱的
乙類燒酎

◆日本各地都有引以為傲的特產燒酎

說到日本當地生產的酒，與日本酒齊名的就是燒酎了。日本酒和葡萄酒同樣是釀造酒，燒酎則和威士忌、白蘭地一樣屬於蒸餾酒。

按照蒸餾方式的不同，燒酎可分為甲類和乙類。甲類是以連續投入原料方式製作的連續蒸餾酒，和伏特加類似。甲類燒酎的特色是產量高，材料的風味殘留不多。

相較之下，乙類的蒸餾方式是以分成數次投入的單式蒸餾製造，類似麥芽威士忌。因為生產效率不高，價格有比甲類高的傾向。但因乙類燒酎的特色是能保留強烈的材料風味，又被稱為「喝的香水」，需求量高，能使用各種原料製造。

那麼，不同原料製造的燒酎，風味上又有何不同呢？

舉例來說，燒酎原料中最為人熟知的就是甘藷。燒酎的製造技術是先從泰國傳遍東南亞，再從東南亞到中國，中國傳入琉球王國（沖繩），鹿兒島則從十八世紀中左右開始製造燒酎。除了鹿兒島外，宮崎縣及東京的伊豆諸島也有以甘藷為原料的燒酎，特徵是甘甜醇厚的香氣。

另外，以米為原料製造的燒酎，日本全國各地皆有生產，以熊本縣珠磨地方產的最負盛名。米燒酎可能從江戶中期就開始製造，特色是散發一股宛如剛炊好的米飯香氣。同樣以米為原料，米燒酎又與十五世紀開始在沖繩製造的泡盛不同，泡盛的特徵並非米香，而是類似香蕉或蘋果的水果甜香。

也有和啤酒一樣用麥類為原料製造的燒酎。在不用進貢大麥的江戶後期，庶民開始把剩下的大麥拿來製造自己要喝的酒。一般認為長崎縣的壱岐是大麥燒酎的發祥地，這種燒酎的特色是散發麥子特有的清爽香氣。

即便使用同一種原料，不同土地製造出的燒酎風味也不一樣。能夠享受到各種不同風味的香氣，也難怪燒酎會被稱為「喝的香水」。

屠蘇

おとそ

OTOSO

日本新年家戶必備，
具有促進健康效果的酒

◆「屠蘇」源起於藥酒

美國的除夕與新年只放兩天假，沒有像日本人一樣，有正月三天在家好好休息的習慣。不過，他們會在新年時與朋友聚會暢飲香檳，藉此慶祝新年。

而日本人則是在新年期間會喝名為「屠蘇」的酒。

話雖如此，和美國喝香檳是為了慶賀不同；對日本人來說，屠蘇酒並非帶有慶祝意味的賀酒。屠蘇自中國傳入日本，過年喝屠蘇酒，是從平安時代開始行之有年的慣例。

屠蘇不只是普通清酒，從有些屠蘇酒會寫成「屠蘇散」即可得知，這其實是一種藥酒。

在正月期間喝藥酒是為了祛除邪氣，獲

得精氣，並祈禱新的一年無病無災，也有除魔的意義。

喝屠蘇酒的慣例是在九世紀時從中國傳來日本，當時流傳的屠蘇散處方是用山椒、桔梗、橘皮和肉桂皮等漢藥調和，被視為有健胃整腸，幫助排汗與鎮痛功效的滋養強身劑。

正式的喝法是，除夕晚上先將裝有屠蘇散的屠蘇袋掛在水井內側，元旦取出後，整袋泡入酒或味醂中飲用。

現今市面上也買得到叫做「屠蘇延命散」的茶包，將這種茶包泡在味醂或酒中，等待一、兩小時後即可輕鬆飲用。

按照習俗，招待新年上門的客人喝過屠蘇酒後，屠蘇袋可拋入井中。這種作法也是希望能透過藥酒的功效，為水井進行消毒。

◆屠蘇酒中隱含的願望

喝屠蘇酒時，從年長者到年幼者依序飲用。這與臣子相信用天子飲過的杯子喝酒，能獲得保佑和力量的觀念相同。

然而，不管習俗意涵再怎麼吉利，屠蘇對身體再怎麼有好處，總不能因此而讓兒童喝酒。

因此，京都便出現了以喝「大福茶」，代替屠蘇酒的習慣。據說這源自平安時代淨土教僧空也上人讓病人喝供奉給觀音菩薩的茶，治好了當時的流行病，大福茶便是由此演變而來。

如上所述，日本人習慣在新年之始祈求一整年健康，正月飲用藥酒的習慣之所以如此根深柢固地流傳下來，也正是來自這樣的心願，期待藥酒發揮功效，保佑眾人無病息災。

第

4

章

原創再造！探尋日本料理的「根」

現今，我們吃的各式日本料理來源為何？
又經過何種演變，才擁有今日的風貌呢？
本章將帶讀者探究各種料理的「根源」。

会席料理
KAISEKIRYORI

會席料理

從江戶時代開始的兩種「會席料理」

◆因應庶民需求而產生的隨性形式

「會席料理」不是婚喪喜慶等場合端出的正式料理。在這之前，日本已有發音相同的「懷石料理」，還有另一種「本膳料理」的形式，這些往往使日本料理給人「全席料理」的印象；但仔細探究，它們到底有什麼不同呢？

會席料理，是指省略吃本膳料理和懷石料理時種種規矩的料理形式。

現在說的會席料理，誕生於江戶時代中期，當時庶民之間流行開「俳諧席」，會席料理就是在舉行俳諧席時端出的料理，被視為會席料理的起源。江戶時代雖是武家社會，中期之後庶民漸漸活躍，為一般庶民開設的高級料理店和茶房也越來越多。這種高

會席料理主要的出菜順序

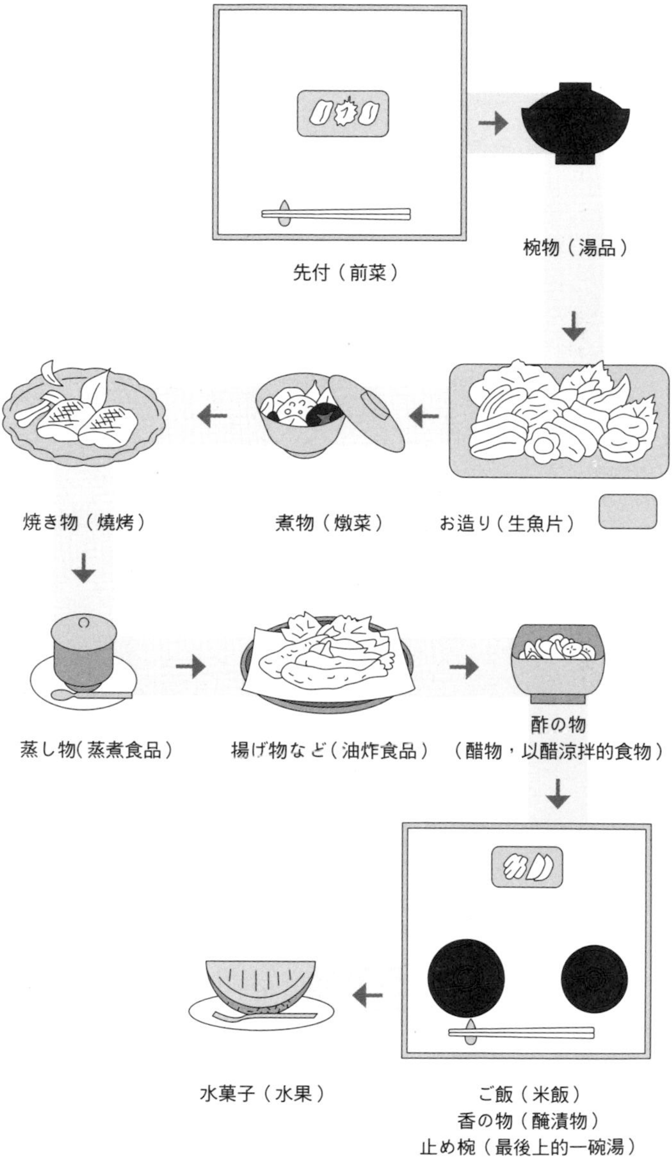

級料理店賣的是本膳料理或懷石料理，庶民卻不太喜歡這種料理。

本膳料理是將本膳（又稱一膳）及二之膳（第二膳）、三之膳（第三膳）等所有料理，同時端上桌的料理。懷石料理則是一次端一道料理到茶席前品嘗的簡單食物。兩者都有嚴格的上菜順序和用餐規範，吃起來不但繁瑣又耗費時間，不適合想輕鬆隨性用餐的庶民。於是，庶民間出現了一種不受規範束縛，可隨性用餐的料理形式，也就是會席料理。

其實比這更早之前，日本已有名為會席料理的料理形式。由於和後來誕生的新料理形式同名，區分起來有混淆視聽的麻煩，於是便取「修行僧將溫熱石頭放在懷中取暖」的逸事，將原本的會席料理改為同音漢字的「懷石料理」。

新誕生的會席料理沒有固定形式，有像本膳料理一樣把所有菜色一次擺上桌的吃法，也有像懷石料理一道一道上菜的吃法，或是把涼掉也好吃的菜先端上桌，想熱熱吃的菜則慢點端上來，各種形式的吃法都有。

雖然是從江戶時代延續至今的傳統料理形式，正因有著自由變化的特點，直到現在，會席料理仍是宴會料理的主流。

幕の内弁当

MAKUNOUCHIBENTO

幕之內便當

從海外廣受歡迎的
繽紛日式便當
看見日本人
「攝取不捨」的民族性

◆享譽世界的日本便當文化

紅色、黃色、綠色……裝滿色彩繽紛食材的便當，對日本人而言雖是司空見慣，外國人可從來沒看過這麼講究的便當。

近年來，外觀多采多姿的日本便當，越來越受到關注日本的法國人的矚目。現在，「BENTO」[1]甚至已成為世界共通的名詞。

日本便當種類繁多，其中最常見的，大概非幕之內便當莫屬。

白飯和各種菜餚裝在一起的幕之內便當，除了大眾熟悉的鐵路便當外，從知名餐廳的外送便當到大街小巷的便當店、便利商店，都能看到這種便當的身影，可說是便當中的招牌。

◆來自佛教「肯定一切價值」的教誨

「幕之內」這個名字，原本指的是歌舞伎演員或幕後工作人員，趁舞台兩幕之間的空檔休息時間，在「幕之內」吃的東西。因為能在短時間內方便食用，就連看戲的人也跟著吃起來，漸漸地，幕之內便當就成為一般人也會吃的東西了。

利用舞台空檔時間吃的幕之內便當，說起來就是一份湊合著吃的食物，其中沒有特別高價的食材，但也不顯得粗糙，對吃的人來說往往有種享用大餐的感覺。之所以給人這種感覺，其實是有原因的。

日本人平常吃慣了幕之內便當或許沒察覺——這種便當裡原來沒有「主角」。

幕之內便當的食材包山包海，有肉有菜有海鮮；烹飪方式也呈現多樣化，烤的、煮的、炸的都有；口味有甜有鹹有辣，多采多姿。由於菜色種類多，看上去自然豪華。

就算是偏食、挑食的人，在這麼多菜色裡總能找到自己想吃的食物。這或許也是幕之內便當成為招牌的原因。

日本之所以出現這樣的便當，或許反映了佛教「攝取不捨」的教義觀念。

「攝取不捨」，指的是佛陀慈悲拯救眾生萬物，絕對不捨棄任何一方，認為所有事物都有其價值的思想。幕之內便當也是如此，不因某種料理特別好就輕視其他料理，將所有菜色平等裝進同一個便當盒。

將各式各樣食材以各自最適合的方式烹調，均衡裝入四方形的便當盒中。彷彿打造日本庭園時，將大自然森羅萬象蒐羅其中的手法。所有食材井然有序地放進便當盒這個框架中，呈現出整體感，這就是幕之內便當。

＊註1——便當的羅馬拼音。

佃煮

TSUKUDANI

佃煮

從大坂傳至江戶，
漁民發明的保存食品

◆讓魚得以保存的佃煮

在食品加工及運輸技術發達的現代，日本到處都能吃到新鮮的魚。昔日交通網絡尚未發達，住在內陸地方的庶民要吃到新鮮的魚是一件不容易的事。「佃煮」就是在這樣環境下發展出的食品。說到佃煮，最有名的便是江戶佃島漁民所做的佃煮，被譽為「江戶名產」。

不過，佃煮最早並非誕生在江戶，而是出自攝津國（大阪府西北部與兵庫縣東南部一帶）「佃村」漁民之手。他們在江戶前期已是技術純熟的漁民，具備將捕獲的魚用鹽煮成佃煮保存的技術。

那麼，為何攝津國的佃煮會成為江戶的名產呢？

這是因為在江戶成立幕府的德川家康為了振興漁業，將佃村名主孫右衛門等幾十名漁民召到江戶。這群人移居江戶後，住在隅田川河口的小島，用自己故鄉的名字將此處取名為佃島。佃煮就是由他們帶來江戶的食物。

他們負責將捕來的魚進獻給將軍家，同時運用在故鄉學會的技術，以鹽煮方式將容易腐壞的小魚做成佃煮，當成非捕魚季時的保存食品。起初只用鹽煮的佃煮，慢慢加入醬油、味醂及粗糖等調味料，並煮出光澤感。佃煮的材料也從小魚演變出蛤蜊、鰕虎、銀魚、小蝦等，種類更豐富多樣。

某天，一個用扁擔挑魚叫賣的商人青柳才助看到漁夫們做的佃煮，心想「保存期限長的佃煮，說不定能當成地方土產來賣」，於是開始了這門生意。他賣的佃煮被從江戶回鄉下的人，以及因公調派他處者帶到日本各地，佃煮因此以江戶名產的名號傳遍全國。

不久之後，除了小魚、貝類，海苔做成的佃煮也大受歡迎。與此同時，有人想到生海苔或許也可以想辦法保存，採日曬法製作的板海苔（紙狀海苔）就此誕生，並以「淺草海苔」之名大受歡迎。

蕎麦
SOBA

蕎麥麵

原是別無選擇才吃的
庶民麵

◆耐寒且營養價值高，是庶民的堅強後盾

從蕎麥麵現在給人高雅、講究的印象，或許很難想像它以前是貧苦農民的日常食物。

古時農民自己栽種的米大多需要進貢，要是再遇到寒害侵襲，那一年的農作就會歉收。因此，米飯對貧苦農民來說，是一年中根本無法吃到幾口的高級品。

當農民想找一些對天氣變化適應力強，收成量穩定的食物栽種時，最多人選擇的就是蕎麥。因為蕎麥耐寒性強，在貧瘠的土地上也能栽種，可望每年穩定收成。不僅如此，蕎麥營養價值高，非常適合做為日常主食。

從蕎麥栽種的歷史來看，目前出土的繩

安達吟光繪《大江戶芝居年中行事 聞風》。
描繪江戶三座之一「市村座」前蕎麥麵攤的景象。
（典藏於日本國立國會圖書館）

文時代地層中已可找到蕎麥種子，可見日本很早就開始栽種蕎麥。八世紀初，朝廷也獎勵栽種蕎麥，其收成量一直很穩定。

不過，當時種的蕎麥並不像現在這樣擀成麵來吃，因為光是把蕎麥粉加入熱水無法成糰，只會四散分解。當時的人還不懂得在揉蕎麥麵糰時加入麵粉黏合，想將蕎麥粉製成麵條是很困難的事。

因此，當時主要的吃法是用熱水揉蕎麥粉，揉成丸子狀後，再投入湯汁中煮成「蕎麥疙瘩」。平安時代也有將蕎麥丸子煮成水飩湯，或用火烤蕎麥麵餅食用的方法。

◆出現將蕎麥煮成麵的簡單方法

蕎麥以麵條的形式出現在餐桌上，已是江戶時代前期的事。當時，在蕎麥粉中加入麵粉揉合的方法，終於從朝鮮半島傳入日本。

不久，長野縣鹽尻市的本山宿及山梨縣大和村，都發明了擀平蕎麥麵再切成麵條的作法。這方法傳到江戶後，十七世紀時，確立了以八成蕎麥粉兌兩成麵粉的「二八蕎麥」製麵法。道地江戶人愛上這種口味高雅的蕎麥麵，此後，蕎麥麵搖身一變為風尚高雅的食物，廣為流行。

蕎麥先是代替農民吃不起的高級品米飯成為日常主食，之後又從團子進化為麵條。不只日本，國外也不乏這種因為別無選擇才吃，日後卻創造出意想不到的飲食文化例子。

舉例來說，古時西方人對主食和副食的區別並不明確，但因做為主食麵包原料的小麥不易栽種，一餐中無法吃上大量麵包，為了彌補不足的部分，便吃肉類和乳製品來取代，造就了日後西方飲食文化中肉類料理和對乳製品的使用特別發達的情形。

鰻魚丼

熱愛鰻魚的「丼飯」創始人想出的好點子

◆「丼飯」的起源？

親子丼、豬排丼、天丼、牛丼……日本的丼飯種類繁多。

近年來，連夏威夷料理的Loco moco（夏威夷式米飯漢堡）都被當成丼飯的一種，還出現用中華料理麻婆豆腐做成的麻婆丼，丼飯的範圍越來越廣，種類越來越多，今後想必仍會持續增加。那麼，發展得如此多元的丼飯，到底是從何時開始出現在日本的呢？

試著查閱文獻，發現十七世紀末期已可看到「丼」的名稱，不過那時的「丼」，充其量只是廚師用來裝盛料理的碗公容器。一直要到「鰻魚丼飯」出現，「丼」才從單純的容器變成料理的名稱。

從《萬葉集》中已出現鰻魚一詞即可

丼飯的發源地

忙碌的江戶社會誕生了種類繁多的丼飯。關於丼飯的起源有各種說法，大多無法肯定，以下只舉幾間自稱發源地的老牌名店。

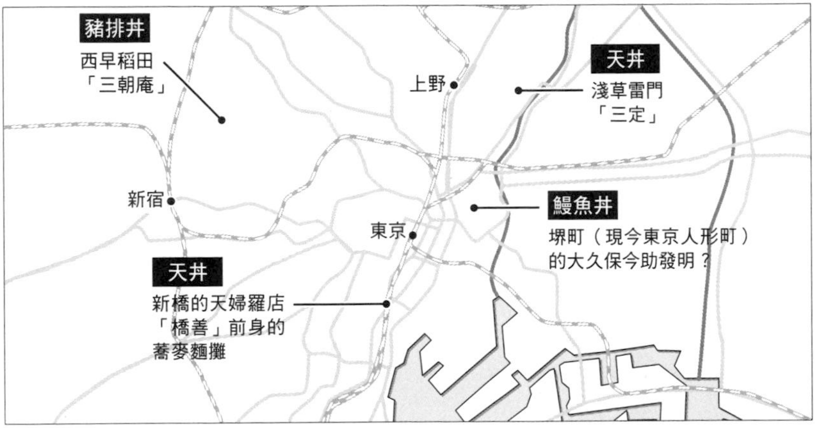

得知，鰻魚古來就是日本人非常熟悉的食物，室町時代已有吃鰻魚的習慣。只是當時的吃法和現在不同，把整隻鰻魚拿去烤再切來吃，調味也只沾醬油和酒調和的醬料或山椒味噌，想來應該不太美味。

◆「丼飯」源自於江戶人的創意

進入江戶時代後，日本人開始懂得剖開鰻魚，取出內臟和骨頭，也改用加入味醂、砂糖的醬汁燒烤，產生了類似今日「蒲燒鰻魚」的料理。經過處理的鰻魚吃來方便，味道又變得美味，很快博得江戶人的喜愛。

在這樣的過程中，文化年間（一八〇四～一八一八年）一位在如今日本橋人形町一帶經營劇場的大久保今助，想出了鰻魚丼飯的吃法。

大久保今助這個人非常喜歡吃鰻魚，經常請附近的鰻魚店送鰻魚到家中吃，可是每次烤好的鰻魚送到家中時已開始變涼，總讓他吃起來有點遺憾。鰻魚店的人其實也嘗試保溫，像是在竹皮上放加熱過的米糠，再把鰻魚包進去等等，可惜成效都不佳。後來大久保今助想到一個點子，就是把鰻魚夾進熱騰騰的白飯再裝進碗公（丼）外送。

今助立刻拜託鰻魚店這麼做，果然不出所料，送來的鰻魚還沒變涼，醬汁還滲入飯粒，好吃得不得了。這樣的鰻魚丼飯瞬間在江戶大受歡迎。

能將飯菜同時扒入口中的丼飯，正投性子急躁、吃東西又快的江戶人所好。除此之外，當時江戶盛行外食，能將所有食物裝進一個容器的丼飯方便外送，提供丼飯的攤販和店家因此逐漸增加，菜色也越發展越多。

如此這般，親子丼、豬排丼、天丼和牛丼等日本特有的丼飯種類於焉誕生。

鉄火巻
TEKKAMAKI

鐵火卷

為方便好賭者食用
而發明的速食

◆鮪魚捲壽司稱為鐵火卷的原因

包葫蘆乾的捲壽司（日文寫為卷壽司）稱為葫蘆卷，包納豆的捲壽司稱為納豆卷，包青蔥鮪魚腹的捲壽司稱為青蔥鮪魚腹卷，這些捲壽司都用包入的食材命名，為何只有包紅肉鮪魚的捲壽司不叫紅肉鮪魚卷，而叫做「鐵火卷」呢？

「鐵火」在日文中的意思，從字面即可推敲得出，是指燒紅了的鐵塊，此外，還可引申為暴躁粗魯的人、性格剛烈的人等意思。從這個意思繼續引申開來，一群熱中賭花牌的人聚集的賭場就稱為「鐵火場」。其實「鐵火卷」的「鐵火」來源，正與賭博有關。

捲壽司乍看之下和賭博毫無關聯，鐵火

卷卻是因賭徒熱中賭博而誕生的食物。賭場中沉迷賭博的人經常耽誤了吃飯的時間，但也不想為了吃飯中斷賭博，有人就邊賭邊吃了起來。

這時候，可單手拿著吃的壽司成了他們經常選擇的食物。但是吃普通的握壽司會把手弄得黏黏的，洗牌拿牌也不俐落。

於是，某間壽司店想出「只要把魚料和醋飯捲進海苔吃就不會弄髒手，也很方便食用」的點子，為賭博的人提供海苔包紅肉鮪魚的捲壽司。這種壽司因為方便食用大受歡迎，成為賭場（鐵火場）的必備料理。從此，這種包紅肉鮪魚的海苔捲壽司就稱為「鐵火卷」。

西方也有類似這種方式誕生的食物，那就是三明治（Sandwich）。大家都知道三明治是源自英國一位名叫Sandwich的伯爵熱愛賭博，不想為了用餐中斷賭博而發明的簡易食物。儘管形狀和口味不一樣，但毫無疑問地，日本的鐵火卷和英國的三明治都是為賭博而生的速食。

不論東方、西方，好賭之人想的事都一樣。

餅（其ノ一）
MOCHI

麻糬（之一）

因應天災和飢荒而儲備的食品

既是感謝神明的食物，也是保存食品

麻糬是日本過年時不可或缺的食物。將大小兩片扁平圓形的麻糬疊起來就成為「鏡餅」，是用來供奉神明的神聖食物。日本人相信神明棲宿於鏡子中，鏡餅因為外型與鏡子相似而得名。

在過年時，日本人還會用鏡餅來煮年糕湯，因為他們相信神明就住在鏡餅中，吃了鏡餅煮成的年糕湯，等於將神明的力量攝入體內。換言之，麻糬對日本人而言，是一種神聖的食物。

麻糬並非只是新年等節日才吃的東西。起初發明麻糬，是為了製作保存食品。日本人以米為主食，稻米的收成卻受氣候影響甚鉅，只要稻米歉收，人民就會窮困超過一

年。因此，為了預防歉收造成的米糧不足，日本人開始用稻米製作保存食品。

最早以稻米製作的保存食品是飯糰。捏得緊緊的飯糰除了攜帶方便，還因為減少了水分得以延長保存期限。漸漸地，從捏緊飯糰發展成將米搗碎後捏成麻糬，為了減少麻糬直接接觸空氣的機會，再於表面撒上糯米粉或太白粉，這就成了現今麻糬的原型。

麻糬因為水分減少，表面又撒上乾粉，可以保存至少一年。另外，在寒冷時節搗米做成的「寒餅」，以及搗好後切成薄片狀的「欠餅」，據說可保存數年之久。

西方也有由來類似的食物，那就是餅乾。西方人航海遠征時，為了攜帶可長期保存的食物，將麵包重複烤兩次，藉此減少其中水分，這就是餅乾的由來。

做為保存食品而誕生的麻糬，後來之所以成為供奉神明的神聖食物，是出於人民對稻米的信仰及對豐收的期盼。換句話說，麻糬具有兩種性質，一方面是對神明獻上感謝之意的神聖食物，一方面也是實用的保存食品。

碗子蕎麥麵

わんこそば

WANKOSOBA

這獨特吃法的由來
有兩種說法

◆大胃王比賽的始祖是南部藩的藩主大人？

「碗子蕎麥麵」是岩手縣名產，透過電視與雜誌等大眾媒體多次介紹，成為眾所周知的岩手特色之一，每年都會在盛岡市舉辦「全日本碗子蕎麥麵大賽」。

碗子蕎麥麵大賽可說是大胃王比賽的始祖，二〇〇七（平成十九）年還遠赴美國紐約及溫泉城舉辦，現在已成為世界知名大賽。

碗子蕎麥麵的規則是，只要吃的人沒有叫停，服務生就會不斷將蕎麥麵放入空碗中。這種非常獨特的吃法，究竟是在什麼情況下產生的呢？

碗子蕎麥麵是以岩手縣盛岡市及花卷市為中心流傳下來的日本鄉土料理。關於碗子蕎麥麵的起源，盛岡市和花卷市各有其說法。

首先，盛岡市的說法是，江戶時代這個地區有戶富裕人家宴請眾多村民及賓客吃蕎麥麵。因為人太多了，必須準備大量的蕎麥麵，廚房來不及一次做出所有人的分量。

於是先用小碗裝盛煮好的蕎麥麵，一碗裝一點，趁大家享用碗中少量蕎麥麵時，廚房繼續煮，繼續端出來添。

花卷市則有不同的說法。雖然碗子蕎麥麵給人強烈的庶民飲食文化印象，花卷市的說法卻認為，其由來和南部藩的藩主大人有關。

據說距今四百多年前，南部藩主前往江戶出府之際，來到花卷城停留。那時，廚師們特地為身分高貴的藩主大人準備了花卷特產的蕎麥麵，為了營造高級感，將蕎麥麵和山產海鮮一起裝在小碗中呈上，因此只有少量。藩主大人非常中意這道料理，一連吃了好幾碗。

到了明治時代，根據這個傳說出現的碗子蕎麥麵店在花卷開設，一直流傳到今天。

お好み焼き

OKONOMIYAKI

御好燒

靈感來自品茶時端出的和菓子「麩燒」

◆御好燒的原型出自千利休之手

說到大阪及廣島的名產御好燒，第一個聯想到的應該是眾人圍著鐵板，在熱鬧氣氛中用餐的景象，御好燒就是給人這種庶民料理的印象。出乎意料的是，往回追溯御好燒的根源時，竟然與千利休有關。

千利休是安土桃山時代（一五六八～一六〇三年）的茶道家，以追求侘寂境界為人所知。

這樣的千利休怎會和御好燒扯上關係呢？其實是千利休在茶會上招待賓客吃的點心，被認為是御好燒的原型。

此說法源自《利休百會記》，這是一本茶會紀錄書，記載利休主辦的八十八次茶會，其中第六十八次茶會中，可看到一種叫

「麩燒」的點心。

此外，福岡縣円覺寺中留有與利休相關的茶書《南方錄》，裡面也可看到用片假名寫下的「麩燒」。

從這些史料，可以肯定麩燒是利休在茶會上愛用的點心。所謂「麩燒」，是將麵粉摻水做成的麵糊鋪在鐵板上，烤出直徑約十公分的薄圓餅狀點心；塗上加入核桃和砂糖、芥子的味噌，再捲成棒狀或折成扇形享用。利休總在用完正餐，端茶上桌前招待客人吃這道點心。

御好燒究竟是不是從利休的麩燒演變而成，答案並不確定。不過所有將麵糊鋪在鐵板上烤的料理，烹調方式都差不多。因此，或許可以說麩燒是包括御好燒在內，所有這類料理的始祖。

もんじゃ焼き

MONJAYAKI

蒙甲燒

從東京下町特產發展為
江戶屋台招牌的「蒙甲燒」

◆從「文字燒」訛轉成「蒙甲燒」

一如說到大阪或廣島的麵糊料理就會提起御好燒，說到東京的麵糊料理時，自然不能不提蒙甲燒。蒙甲燒是主要流行於關東地方的速食，東京的月島就有很多蒙甲燒店。

蒙甲燒是將麵粉加水做成麵糊，再放入高麗菜、炸麵花等材料攪拌後，烤來吃的料理。烤的時候用小小的鐵鏟子將麵糊壓在鐵板上煎，吃的時候直接用小鏟子舀起來吃；和御好燒整片烤好才切來吃不同，蒙甲燒的特徵是自己邊烤邊吃，這種獨特吃法也可說是蒙甲燒受歡迎的原因之一。

吃法如此具有魅力的蒙甲燒，源自一種叫「文字燒」的點心。

文字燒一樣是用麵粉加水做成麵糊，再

加入砂糖調味後，鋪在熱騰騰的鐵板或銅板上煎成文字或圖案的點心。文字燒出現在江戶時代，葛飾北齋[1]《北齋漫畫》中就繪有人們吃文字燒的情景。

起初，文字燒以攤販方式販賣，後來演變為在傳統零食店內設置鐵板，讓孩子們自己在那裡烤文字燒吃，這種吃法也漸漸蔚為流行。

蒙甲燒的吃法和文字燒一模一樣，以麵糊為材料這點也相似。此外，現在的蒙甲燒加入許多食材，但最早的蒙甲燒並沒有放入蔬菜等材料。蒙甲燒和文字燒一樣，起初都是在傳統零食店裡放鐵板烤來吃的點心，後來才慢慢加入各種食材，演變成今日的吃法。

蒙甲燒店之所以集中在東京的月島，是因為一九八八（昭和六十三）年東京地下鐵營運前，這裡對外交通不方便，使得其他地方逐漸失去蹤影的傳統零食店，得以在此保存的緣故。

如今月島交通雖已便利，成為現代化的都會區，蒙甲燒店卻沒有因此消失。只是不再設於傳統零食店中，而是進化成了蒙甲燒專賣店。從文字燒演變而來的關東麵糊美食文化，以這種方式確實獲得了傳承。

＊註1——一七六〇年～一八四九年，江戶時代著名的浮世繪畫家。

たこ焼き

TAKOYAKI

章魚燒

象徵大阪的
B級美食始祖

前身「收音機燒」的主角是蒟蒻

一提到足以代表大阪的B級美食「章魚燒」，大家腦中大概就會浮現淋上濃厚醬汁、再撒上青海苔粉的畫面。令人意外的是，章魚燒進化到這種形式，其實是近代的事。

大阪的章魚燒前身是流行於明治時代末期至大正時期的「收音機燒」。當時收音機還屬於高級奢侈品，業者便借用來取了這麼一個名字。

收音機燒和現在的章魚燒形狀相同，作法是將麵粉、高湯、雞蛋打在一起，用鹽與醬油調味後放入圓形模具烤，配料有蔥末、炸麵花和紅薑等等，主食材不是章魚，而是蒟蒻。

◆章魚如何爬上主角的位置

那麼，以章魚為主角的章魚燒，是什麼時候出現的呢？

昭和時代初期，大阪景氣沸騰，到處都有賣收音機燒的攤販，尤其受到來自全國各地的勞工和兒童歡迎。其中一個攤販「會津屋」的老闆心想，「要是能用更好的材料，客人一定更喜歡，生意就會更好」，開始思考是否有取代蒟蒻的主食材。

問題是，若用太貴的食材，就無法讓人人都輕易買來吃了。他試了各種材料後，發現牛筋無論味道和口感都很好，客人也因為「能吃到肉類」而受吸引，會津屋的老闆於是擺出「肉燒」的招牌。只是，加了牛筋的收音機燒雖然大獲好評，牛筋卻得花很多工夫處理，先挑出沒有腥味的部分，煮得甜甜辣辣之後才能用，這太耗費時間了。

有一天，會津屋的老闆聽到客人說：「明石的玉子燒裡有放章魚。」所謂「明石的玉子燒」，就是現在大家耳熟能詳的明石燒，類似泡在高湯裡吃的章魚燒。

牛筋和章魚都是大阪庶民常吃的食材，市面上也有賣水煮過的章魚，只要切成小塊就能放進收音機燒當主材料，購買便宜的身體部分就能壓低成本。不僅如此，多番嘗試後，會津屋老闆發現用章魚比其他任何食材都好吃，他還精益求精地試著改變麵粉比例與調味方式。

經過這番改良的「章魚燒」完成於一九三五（昭和十）年。章魚燒的美味傳開後，連大人都聞風而來，一口氣買上許多。

當時的章魚燒在烤前已事先用醬油調味，不沾任何醬料直接吃。

現今塗上醬料的方式出現得很晚，是第二次世界大戰後的一九四五（昭和二十）年到一九五五（昭和三十）年間確立的吃法。

納豆

NATTO

納豆

為納豆菌
提供良好環境的稻草

其實也有不牽絲的納豆

東南亞許多國家都有以黃豆發酵製成的食品，如中國的「豆豉」、尼泊爾的「Kinema」等。

日本的納豆也是其中之一，不過除了日本以外，其他地方都看不到這種黏滑牽絲的豆類發酵食品。因此，外國人看到日本的納豆往往覺得噁心，不予好評。

現在的納豆，一般而言指的是牽絲納豆，但其實日本也有不牽絲的納豆，它不是以納豆菌，而是以麴菌發酵，再浸泡於鹽水中製成鹽辛納豆。鹽辛納豆的歷史比普通納豆悠久，據說大約是奈良時代從中國傳來的食品。

◆牽絲納豆的起源與傳說

牽絲納豆是日本人所發明。關於納豆的誕生眾說紛紜，其中最有名的說法與平安時代武將源義家有關。

一〇八三（永保三）年出羽國發生「後三年之役」，村民上繳食糧，用馬匹運送以稻草包起的水煮黃豆時，悶在稻草裡的水煮黃豆因發酵生黏，出現「牽絲」的情形。然而，在軍糧不足的情況下，不願浪費糧食的源義家懷著忐忑不安的心情試吃了那些黃豆，卻發現意外的好吃，就這樣直接拿來做為軍糧。後三年之役發生在今日秋田縣橫手市，遺址的金澤柵跡還立有「納豆發祥之地」的紀念碑。

另一說法則認為，日本第一位吃到納豆的人是室町時代初期的光嚴法皇。據說當時京都村民將水煮黃豆包在稻草裡進獻給法皇，由於運送多日，導致黃豆生黏牽絲。法皇將鹽撒在煮豆上試吃，發現味道不錯，遂要求村民繼續進貢。

除了源義家與光嚴法皇之外，聖德太子、加藤清正、伊達正宗都曾留下與納豆起源有關的傳說。這些說法的共通點，都是包在稻草裡的黃豆生黏牽絲，吃了之後發現其實頗為美味的情節。此外，和源義家的傳說一樣，與馬有關的說法也不少。

原因應該出在稻草這種日本人熟悉的包材，非常適合繁殖納豆菌。徹底曬乾的稻草很適合用來包東西，也常做為馬的糧草。

一般來說，細菌與黴菌不容易在乾燥的稻草中繁殖，唯獨納豆菌的孢子即使在乾燥環境也能頑強生存，包在稻草裡的水煮黃豆又帶來水分，再加上以馬匹運送時，受到馬的體溫加熱，納豆菌繁殖得更好。馬背上的稻草，可說是非常適合黃豆發酵為納豆的環境。

日本人大約於室町時代中期開始吃牽絲納豆，到了江戶時代，納豆已普及到關東城鎮裡都可見賣納豆的商人身影。不過，當時的納豆只能仰賴納豆菌自然發酵，品質與口味並不穩定。

要到大正時代（一九一二年七月三十日～一九二六年十二月二十五日）之後，出現像現在這樣的人工培養納豆菌，納豆的品質才趨於穩定。

やきとり

YAKITORI

雞肉串燒

「雞肉串燒」不只是烤雞肉串

◆善用牛肉與豬肉的內臟

店外掛著「雞肉串燒」（やきとり）的招牌，走進店裡一看，卻發現菜單不只雞肉[1]，還有牛肉和豬肉……大家應該都有過類似體驗。

事實上，日本的「雞肉串燒」店也賣雞肉之外的食物。

日本在江戶時代之前，吃肉[2]是觸犯禁忌的事，唯有麻雀和雞鴨等鳥類的肉可以買來吃，也有賣燒烤雞鴨鳥肉的店，這些食物一般就稱為「雞肉串燒」（焼き鳥）。

到了明治時代，受到西方文化的影響，吃牛肉、豬肉和馬肉在日本變得普及，只不過那時很多人不習慣吃肉，肉類的流通量也不大。尤其當時和現代不同，人們還不知道內臟類的美味，多半被丟掉或免費贈送。

有些人思考如何善用這些食材做生意，便開發出「用牛、豬做的雞肉串燒」。商人將便宜買來的豬、牛內臟切碎，再用竹籤串起來，淋上醬汁燒烤，以「雞肉串燒」之名販售。這個作法在現代肯定是有問題的，當時卻沒有法律能取締。

不僅如此，即使用動物內臟取代雞鴨鳥肉的事很快曝光，卻也沒有引起太大騷動，反而因為內臟比雞鴨鳥肉便宜又好吃，獲得消費大眾好評。販賣內臟燒烤的攤販越來越多，不是雞鴨鳥肉的「雞肉串燒」漸漸普及全日本。

比方說，埼玉縣東松山市賣的「雞肉串燒」是指烤豬肉上抹辣味噌醬的料理。福岡縣久留米市的「雞肉串燒」則除了雞肉外，連牛肉、豬肉和馬肉都包括在內，成為久留米市對外宣傳的飲食文化。

到了現代，燒烤牛肉、豬肉的「雞肉串燒」已在日本文化中扎根落實，連《廣辭苑》這類字典也說明，雞肉串燒不只是雞鴨鳥肉的串燒，還包括將豬、牛內臟串起燒烤的料理。

＊註1——とり，日文漢字為「鳥」，泛指雞和其他禽鳥類。

＊註2——這裡指的肉不包括魚類海鮮，即「獸肉」之意。

天ぷら

TENPURA

天婦羅

「舶來品」
變成日本代表性的油炸料理

◆戰國時代傳入日本的西洋料理

日本料理中，天婦羅也是外國人特別熟知的一種，但其實天婦羅並非源自日本。外國人若知道天婦羅對日本而言是「舶來品料理」，一定會很驚訝。

天婦羅這種料理在戰國時代傳至日本。當時許多外國人前來日本做生意，天婦羅也與各式各樣的西洋文化一起傳入。

從描述德川家康品嘗來自西洋稀有食物的《慶長日記》中，即可得知天婦羅並非日本古來已有的食物。

大坂夏之陣[1]結束後，京都富商茶屋四郎次郎從京都前往駿府拜訪家康，帶來當時京都流行的稀奇料理，那就是天婦羅。家康好奇地吃了炸鯛魚，還留下因為太美味，吃了太多鬧腹痛的軼事。

◆「天婦羅」名稱的由來

天婦羅這名稱又是怎麼來的？是不是原本的名稱在傳入日本時轉化成這個讀音呢？

關於天婦羅名稱的由來有許多種說法，其中之一是由「Temporas料理」轉變而來。根據《吃的日本史》作者樋口清之的說法，天主教有一個名為「Tempora」的週五齋日，教徒習慣在這一天油炸裹了麵粉的魚肉吃。

日本人將這種料理稱為「Temporas料理」，到了江戶時代，從Temporas轉變為「Tenpura」（天婦羅）。

此外，也有認為天婦羅的語源來自葡萄牙語中表示調味料的「Tempero」，或是西班牙語中表示寺廟的「Templo」。

最耐人尋味的是，江戶戲作者山東京傳才是「天婦羅」命名者的說法。在山東京傳的弟弟京山著作《蜘蛛絲卷》（一八四六年）中，提到一個名叫利助的人，從大坂流落到江戶，開始做起賣炸魚的攤販生意時，京傳為他將料理命名為

江戶時代的天婦羅攤販。
文化三（一八〇六）年畫下的《職人盡繪詞》（北尾政美繪，山東京傳等人題詞）中，
描繪了天婦羅攤販炸蝦、沙鮻魚、牛尾魚、鰕虎、穴子魚等江戶前海捕來的魚類，
趁熱撒鹽或沾天婦羅醬汁食用的情景。
（典藏於日本國立國會圖書館）

「天麩羅」。

「天」表示利助是個居無定所的天竺浪人，「麩」指的是麵粉，「羅」指的是薄片狀的東西，用這三個字組合成「天麩羅」這個名字。

不過，記錄天婦羅作法的書比《蜘蛛絲卷》更早出版，這個說法可能只是《蜘蛛絲卷》出版時的宣傳噱頭。

天婦羅這名稱的正確由來已不可考，唯一確定的是，江戶末期這種食物普及於庶民之間，成為常見的日本食物。如今，天婦羅更成了日本具有代表性的料理，逆向輸出海外。

＊註1——江戶時代初期，江戶幕府為消滅豐臣家而發起的戰爭，主要戰場在大坂城附近，其中包括發生在一六一四年十一～十二月的「大坂冬之陣」，以及一六一五年五月的「大坂夏之陣」。

しゃぶしゃぶ

SHABUSHABU

涮涮鍋

源自蒙古
將冷凍肉解凍的方法

◆「涮涮鍋（Shabu-shabu）」是日本原創的名稱

涮涮鍋和壽喜鍋同為日本受歡迎的火鍋料理，作法是在沸騰的湯裡放入薄肉片，涮二、三下後，隨自己喜好沾芝麻醬或醋橘醬油等調味料吃。在湯裡涮肉片可以適度地消除油脂，肉片吃起來口感清爽，上了年紀的人也適合吃。

因為料理方式單純，常被誤以為是歷史悠久的食物，其實涮涮鍋的歷史意外的短。日本人開始吃涮涮鍋是二戰之後的事。涮涮鍋的原型是一九四六（昭和二十一）年，京都祇園料理店「十二段家」的第二代店主西垣光溫想出來的火鍋料理。帶給他靈感的是第二次世界大戰中，曾以軍醫身分隨軍遠赴北京的友人吉田璋也——吉田告訴西垣，北京有一種叫「涮羊肉」的料理。

涮羊肉是北京料理中具有代表性的火鍋料理。涮羊肉的鍋子叫「火鍋子」，這種鍋子形狀獨特，中間呈煙囪狀，其間放炭燒火。在鍋中放入香菇和蝦乾煮湯頭，再把切薄的羊肉放入沸騰的湯頭裡涮幾下，拿起後沾用芝麻、醬油、辣油……等十幾種調味料調製的沾醬吃。雖然鍋子的形狀和食材都與涮涮鍋不同，烹調方式則非常類似。

這麼說來，涮涮鍋就是源自北京料理中的涮羊肉嗎？事實上，繼續往上追溯，源頭還可以上溯到蒙古。蒙古冬天酷寒，放在屋外的肉馬上就結凍。蒙古人為了吃結凍的肉，想出將凍肉塊削成薄片放入熱水解凍食用的方法。

這種吃法傳到北京，漸漸發展為涮羊肉。換句話說，涮涮鍋是源自於蒙古人發明來解凍肉塊的方法。

涮涮鍋會這麼受歡迎，除了本身好吃之外，命名的巧妙也功不可沒。

其實，當初西垣想出的料理名稱並不是涮涮鍋，而是「牛肉水炊」。這道牛肉水炊很快成為店裡的招牌菜，看準商機的其他店家紛紛跟進模仿，也推出類似的火鍋料理。

這時，大阪永樂町末廣總店的店主三宅忠一想出用涮肉片時的狀聲詞「Shabu-

涮涮鍋的傳播路徑

往上追溯涮涮鍋的源頭，可回溯到蒙古游牧民族的習慣

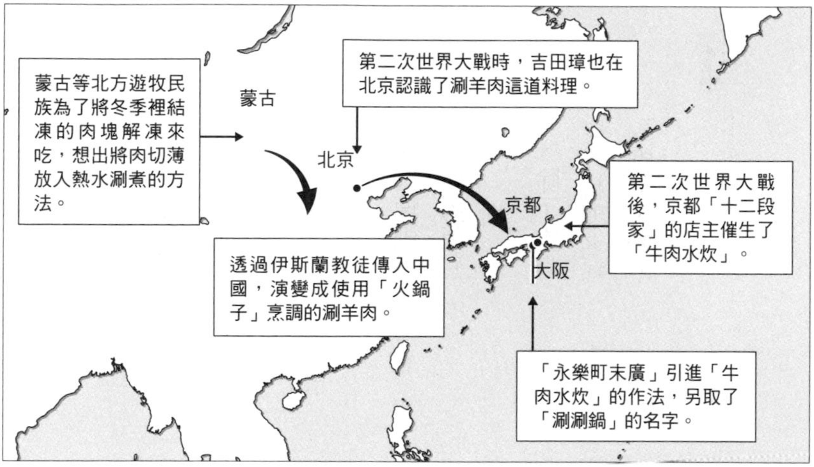
蒙古等北方遊牧民族為了將冬季裡結凍的肉塊解凍來吃，想出將肉切薄放入熱水涮煮的方法。
蒙古
第二次世界大戰時，吉田璋也在北京認識了涮羊肉這道料理。
北京
透過伊斯蘭教徒傳入中國，演變成使用「火鍋子」烹調的涮羊肉。
京都
大阪
第二次世界大戰後，京都「十二段家」的店主催生了「牛肉水炊」。
「永樂町末廣」引進「牛肉水炊」的作法，另取了「涮涮鍋」的名字。

shabu」，做為料理名稱的點子，涮涮鍋這名稱就此誕生。

說不定正因取了這令人印象深刻的名字，涮涮鍋才成為日本現今具有代表性的火鍋料理之一。

ハヤシライス

HAYASHIRAISU

HAYASHI RICE

「HAYASHI」是指什麼？

◆誕生於明治時代，是日式洋食的代表

在日本有許多被歸類為洋食，但國外根本沒有的西式料理。HAYASHI RICE就是其中之一。HAYASHI RICE是將切成小塊的牛肉和洋蔥，用法式多蜜醬（demi-glace sauce）或番茄醬熬煮後，淋在白飯上吃的料理。

這道料理最早於明治初期出現在日本，為什麼會叫「HAYASHI RICE」呢？若拿同為外來語的咖哩飯（CURRY RICE）來對照，字面上即可看出是將咖哩淋在白飯上吃的料理，但「HAYASHI」卻不是一種食物。

HAYASHI RICE這料理名稱的由來眾說紛紜，其中一說是由法國傳來的某種料理名稱訛轉而成。

明治初年創業的神田佐久間町「三河

屋」西餐廳，有一道極受歡迎的燉牛肉（hashed beef）。這道燉牛肉和日本常見的熬煮牛肉或燉白醬牛肉是類似的料理。這類燉煮牛肉料理於十六世紀後半到十七世紀間誕生於法國，於明治時代傳入日本。

原本是西洋料理的燉牛肉，當然不會配米飯吃。但是，經常被客人要求做燉牛肉的三河屋卻和白飯一起提供這道餐點。這種加白飯的吃法大受好評，被稱作「HASHED RICE」，其中的HASHED發音又訛誤為「HAYASHI」，就成了今天的「HAYASHI RICE」。

另一個有趣的說法，認為HAYASHI其實是發明者的姓氏。丸善的創業者早矢仕有的[1]是一位優秀醫生，對西方文化抱持強烈興趣，對洋食亦頗有研究。某天，他下廚招待來訪的友人，隨手拿了廚房裡的牛肉和蔬菜燉煮，並將燉好的牛肉淋在白飯上。

後來這道菜成為餐廳裡的餐點，用當初發明人早矢仕的姓氏命名為「HAYASHI RICE」。除了早矢仕之外，也有人說最早做出HAYASHI RICE的是「上野精養軒」餐廳的林姓主廚[2]。

無論是以發明人的姓氏命名，還是從烹飪方式命名，這道看似洋食的料理，其實是日本人自己的原創食物。

* 註1——日文羅馬拼音為HAYASHI YUTEKI。
* 註2——日語中「林」的發音也是HAYASHI。

カレーライス

KARERAISU

咖哩飯

從海軍伙食
變成國民美食

◆自成一格的日本咖哩

二〇一八年十二月，具有代表性的日式咖哩連鎖店在英國開幕了。這是該連鎖店第一次在歐洲展店，英國是繼一九九四年在美國展店後，第十二個成立海外分店的國家。

眾所周知，咖哩來自印度，但是咖哩並非以印度料理的姿態傳入日本。

一七〇〇年代，英國正式進出印度，也在此時將印度的咖哩食譜帶回母國，此後咖哩傳遍整個歐洲。明治時代文明開化後的日本，則將從歐洲傳入國內的咖哩視為西洋文化之一。

話雖如此，當時咖哩並未立刻在日本普及。咖哩成為庶民料理的背後原因，其實與日本軍隊有關。

一八八二（明治十五）年，日本海軍軍艦「龍驤」出航遠洋，艦上包括海軍學校學生在內的三百九十七名船組員中，有一百六十九人罹患嚴重腳氣病，二十五人因此死亡。當時軍艦內的伙食由白米、酸梅乾、醃蘿蔔和味噌湯組成，這份以白米為中心的菜單缺乏維生素 B_1，是造成船組員罹患腳氣病的原因。

於是，海軍重新擬定船上伙食菜單，改以肉類和蔬菜為主。當時日本海軍經常以英國海軍為範本，這份菜單亦然。這時，營養價值高、食用方便，在戰場上也能食用的咖哩飯受到矚目，海軍便以英式咖哩為基礎，重新設計了適合日本人食用的咖哩飯。

一八八九（明治二十二）年主計科新兵的教育手冊《五等廚夫教育規則》中，就記載了咖哩的烹飪方式。當時軍艦上負責伙食的士兵，人人都從這本教育規則中學會怎麼煮咖哩飯。

這些在軍隊裡吃過、煮過咖哩飯的士兵在退役或返鄉時，將咖哩飯的食譜傳授給家人朋友，咖哩飯就這麼慢慢流傳開來，成為日本家喻戶曉的家庭料理，日後更成為世界知名的日本國民美食。

肉じゃが

NIKUJAGA

馬鈴薯燉肉

想嚐英式燉牛肉的滋味，
意外創造了
日式「媽媽的味道」

◆源自軍隊的日本家庭料理

馬鈴薯燉肉是日本家庭料理的代表之一，口感鬆軟的馬鈴薯與燉肉偏甜的調味，大大滿足了日本人的胃。

正因馬鈴薯燉肉是日本具代表性的家庭料理，很多人都以為自古以來就有這道菜。其實不然，這道料理來自軍隊，而且催生者竟是東鄉平八郎。

東鄉平八郎是明治時代聯合艦隊的知名司令官，也是在決定日俄戰爭結局的對馬海峽海戰中，率領日本海軍擊退波羅的海艦隊的英雄人物。他於明治初期留學英國，回國後成為日本海軍精英。

在英國留學期間，東鄉嚐過英式燉牛肉的滋味，回國後仍難忘這道料理的美味，某一天便請海軍主廚試著料理這道菜。

沒想到，做出來的卻是一點也不像英式燉牛肉的不可思議料理。畢竟身為日本人的主廚沒吃過、甚至沒見過英式燉牛肉，東鄉對這道菜的描述又很籠統，一時之間也買不到葡萄酒或奶油等西式食材，會有這種結果說來也不意外。

主廚只能按照東鄉所說，拿馬鈴薯與牛肉一起熬煮，再用手邊有的醬油、砂糖和麻油等調味料調味。如此完成的料理，就是現在「馬鈴薯燉肉」的前身。

一吃之下，竟發現這道菜相當美味，儘管和記憶中的英式燉牛肉不同，卻很符合日本人的胃口，又兼顧了均衡營養，東鄉便決定將這道菜納入海軍伙食。之後，這道料理傳入民間，慢慢普及成為具有代表性的日本家常菜。

起初這道料理有「甘煮」、「燉肉」、「燉牛肉蔬菜」等多種稱呼，直到昭和四〇年代介紹家庭料理的電視節目以「馬鈴薯燉肉」稱呼，這個名稱才慢慢固定下來。

どら焼き

DORAYAKI

銅鑼燒

起初有個「金鍔」別名的圓形和菓子

◆名稱源自寺院裡的「銅鑼」

近年，聽說日本人在義大利經營的日本料理店裡，經常提供「銅鑼燒」做為甜點。看到日本的庶民零食以甜點之姿出現在義大利餐廳，難免有種不可思議的感覺。其實這是因為日本動畫《哆啦A夢》在義大利很受歡迎，銅鑼燒又是哆啦A夢最愛吃的東西，才在義大利受到矚目，被當成日本具有代表性的甜點。

現在一說到銅鑼燒，就會想到用加了砂糖和蛋的麵糊煎成兩片薄餅，再將紅豆餡夾起來的圓形和菓子。然而，江戶時代的銅鑼燒和現今的形狀並不同。

江戶時代，國學家喜多村信節在隨筆著作《嬉游笑覽》中提到「銅鑼燒又被稱為『金鍔』」，《大日本國語辭典》中也有「形狀較大的金鍔，貌似銅鑼」的描述。

「金鍔」是用不含砂糖與蛋的麵糊烤成薄餅狀，再包入餡料的和菓子。銅鑼燒被形容為較大的金鍔，其名稱由來可能是形狀近似銅鑼。

銅鑼是日本寺院舉行法會時，以繩子垂吊打擊的樂器。原本只是寺院裡使用的器具，也可能有不少人會想到船隻出航時敲響的銅鑼吧。

如今用兩片餅皮夾住紅豆餡的銅鑼燒，誕生於大正時代之後的東京。當時也因外型如此而有「編笠燒」之稱；在關西則有「三笠燒」的稱呼，因為關西人認為它和奈良的三笠山形狀相似。

此外，京都也有用圓形餅皮捲起餡料的銅鑼燒，和一般的銅鑼燒形狀不同。這是江戶時代末期，東寺僧侶請京都某和菓子店主製作副餐點心時想出的作法。為了讓僧人們能在寺內自行製作，用銅鑼取代鐵板烤餅皮，也有人說這才是「銅鑼燒」的名稱由來。

羊羹
YOKAN

羊羹

經典日式甜點
竟源自羊肉湯？

◆看起來不像羊肉湯的羊羹

羊羹可說是日本經典的和菓子之一，有練羊羹、蒸羊羹、水羊羹、芋羊羹等，種類豐富，全國各處都有以羊羹為名產的地方。

如此受日本人喜愛的羊羹，其實並非日本原產，而是平安時代隨遣唐史一起從中國傳來的食物。不但如此，當時的羊羹並非甜點，而是羹湯。

從「羊羹」兩字也可看出端倪。發現了嗎？這兩個字加起來，就包含了三個「羊」字。

「羹」這個字上方的「羔」有「小羊」的意思，底下的「美」則由另一個「羊」和「大」組成。如字面所示，羊羹是一種和羊關係匪淺的食物。「羹」原本指的是用羊肉泥捏成的肉丸，羊羹是用這種肉丸及山藥、香菇、竹筍一起煮的湯。

歐洲遊牧興盛的奧地利和愛爾蘭等國家也經常吃羊肉，羊肉在中國是自古以來就很普遍的食物。

羊羹在平安時代傳入，當時日本人還沒有吃獸肉的習慣，於是以麵粉或葛粉、糯米粉加紅豆粉、山藥等植物食材，取代羊肉揉成羹狀煮湯的日式羊羹應運而生，成為宮廷飲食或佛閣祭祀時的供品。

這個慣例保留至今日，皇室執行的饗宴上，還會端出名為「清羹」的料理。

持續改良成為獨樹一格的和菓子

原是羹湯的羊羹，在鎌倉、室町時代演變為和菓子。茶道盛行的時代，羊羹不再用來煮湯，而是拿來做為茶點。蒸過的羊羹加上甜的調味料，變成現在的蒸羊羹。

之後，室町時代的一四六一（寬正二）年京都伏見的岡本善右衛門，以及寬政年間（一七八九～一八〇一年）江戶日本橋的喜太郎，首次將羊羹做為甜點銷售，獲得民眾好評。

用當時還很珍貴的砂糖揉入羊羹中製成的高級和菓子，很快地流行起來。山東京山在《蜘蛛絲卷》（一八四六年）中回憶羊羹受歡迎的程度，當時只要說端羊羹招待，馬上就會吸引客人上門。從那時起，「羊羹」一詞指的已是今日所見的甜點羊羹。

到了明治時代，砂糖價格便宜，一般人也能自由買到，羊羹更是一口氣推廣為庶民甜點的代表。此外，容易保存的羊羹也成為重要的軍需品。

就這樣，羊羹在漫長的歷史中，經過日本人持續改良的結果，進化為日本具有代表性的和菓子。

桜餅

SAKURAMOCHI

櫻餅

為了重複利用櫻花落葉
而發想出的知名點心

◆最早用來包櫻餅的隅田川櫻樹葉

櫻花自古就深受日本人的喜愛，近年訪日賞花的外國觀光客也多了不少。對歐美人士來說，春天正值復活節假期，是非常適合旅行的季節，很多外國人便利用這時期來日本享受賞花樂趣。

日本全國各地都有吸引國內外觀光客的賞櫻勝地，東京的隅田川就是其中之一。事實上，最適合賞花時享用的和菓子「櫻餅」，正誕生於隅田川畔的長命寺。

長命寺門前有一道稱為「墨堤」的隅田川河堤，從以前到現在，每逢春天這裡就會聚集許多賞花遊客。長命寺門前有個叫山本新六的守門人，花季過後，櫻花長出綠葉，每當葉子落下，新六就會勤快地掃除落葉。

然而，櫻樹葉不斷掉落，數量太多，不管怎麼掃也掃不完。

掃著掃著，新六不禁思考：「這些葉子丟掉太浪費了，能不能想個辦法再利用呢？」

就這樣，新六想出用鹽漬櫻花葉保存的方法。他還用這些鹽漬櫻葉包裹糯米餅，結果發現櫻葉的香氣會轉移到糯米餅上，既有意趣又好吃。

一七一七（享保二）年，新六開始在長命寺門前賣這種櫻餅，受到賞花遊客大力讚賞。一八二五（文祿八）年《兔園小說》中提到前一年櫻餅共賣出三十八萬七千五百個，共用了七十七萬五千片鹽漬櫻葉，可見當時櫻餅多受歡迎。

◆櫻餅在關東與關西的差異

長命寺的櫻餅現在仍以「山本屋之櫻餅」名稱銷售，在墨堤前就能買到。當時新六使用的是種在墨堤上的櫻樹葉，但這種染井吉野櫻的葉子太粗硬，現在已不用來包櫻餅。目前墨堤賣的櫻餅，有七成是從伊豆松崎町送來的大島櫻葉。

包括長命寺櫻餅在內，關東的櫻餅和關西的櫻餅其實有所差異。關東的櫻餅使用麵粉，以烤成薄餅狀的皮包住內餡；關西的櫻餅則以大阪道明寺一千多年

歌川廣重・豐國繪《江戶自慢三十六興向嶋堤之花瓣二櫻餅》。
江戶時代，來墨堤賞花後，流行買長命寺的櫻餅回家當伴手禮。
（典藏於日本國立國會圖書館）

前發明的「道明寺糒」為主流，這種櫻餅用磨成粗粒的糯米粉「道明寺粉」為原料，特徵是餅皮殘留顆粒，吃起來口感彈牙。

ショートケーキ

SHOTOKEKI

鮮奶油蛋糕

原來日本人
都不知道「short」的意思[1]

和海外的shortcake是完全不同的東西

日本最常見的蛋糕，應該就是以海綿蛋糕為主體，夾上鮮奶油，並以草莓裝飾的鮮奶油蛋糕了吧。有時不一定用草莓，也有用其他水果裝飾，但最受歡迎的還是草莓鮮奶油蛋糕。白色的鮮奶油配上紅色的草莓，光是外觀就很漂亮，大人小孩都喜歡，經常買來慶祝生日或聖誕節。

在日本，幾乎所有西點店鋪都會將鮮奶油蛋糕放在最醒目的位置，可是這種蛋糕卻很少在海外看見。不僅如此，若是在國外說要買「shortcake」，可能會買到完全不同於日本鮮奶油蛋糕的東西。日本人對此固然驚訝，外國人看到日本的「shortcake」時，想必也很吃驚。

鮮奶油蛋糕「shortcake」的「short」並非指「短小」，而是「酥脆、易碎」的意思；也就是說，shortcake原本指的是酥脆如餅乾的點心。因此，在國外說要買「shortcake」，得到的可能是類似餅乾的東西。

其實明治後期傳入日本的shortcake，應該也是餅乾狀的點心。美國也有名為「strawberry short cake」的甜點，是用酥脆的餅皮夾著鮮奶油和草莓做成。《萬國甜點物語》作者吉田菊次郎推測，現在日本名為「shortcake」的鮮奶油蛋糕，應該是直接取這名稱，再配合日本人喜好改造而成的甜點。

◆配合日本人喜好大膽改造

日本的shortcake，是什麼時候從餅乾變成海綿蛋糕的呢？

據說第一個想出日式shortcake的人，是西點業者門倉國輝。門倉在巴黎修習甜點製作技術回國後，於一九二四（大正十三）年推出現在這種鮮奶油蛋糕形式的shortcake。

其實在他剛回國之際，也曾按照在法國學到的技術製作shortcake。然而，那種形式的甜點不合日本人口味，他在失敗中不斷嘗試改良，最後選擇以日本人熟悉的蜂蜜蛋糕般鬆軟的海綿蛋糕為主體，抹上綿密的鮮奶油，再搭配酸甜的草莓，完成現今這種形式的鮮奶油蛋糕。

當時西洋點心對一般民眾來說，仍是不可高攀的食物，加上鮮奶油的保存期限又不長，多數人還是沒看過、更沒吃過shortcake這玩意兒。

一直要到昭和三〇年代，日本迎向高度經濟成長期，商店裡普遍設有冰櫃，一般家庭也都擁有冰箱後，鮮奶油蛋糕才逐漸普及，廣為世人所知。

＊註1——鮮奶油蛋糕的日文為外來語「shortcake」。

第

5

章

深入探究！日本人的「飲食習慣與信仰」

回顧一整年的節日，
多半與「吃」這件事有關。
日本人對吃的禮儀規範，可說隱藏於料理之中。
讓我們從飲食習慣深入探究「日本人的信仰」吧！

お節

OSECHI

御節料理

源自節日時
端上桌的「節會料理」

日本五大節日必吃的料理

日本正月新年時，餐桌上總會擺出「御節料理」。裝在層層「重箱」裡的珍饈，每一道菜都含有「希望今年是個好年」的心願。

御節料理的內容，基本上包括三種祝餚、燉煮類、醋漬類和燒烤類，其中最不可或缺的就是三種祝餚。關東的三種祝餚是黑豆、黃金魚卵和醬煮小魚乾，關西的三種祝餚則是黑豆、黃金魚卵和敲牛蒡。

黑豆在日語中有「勤奮工作」的諧音含意，又有「曬得像黑豆一樣黝黑健康」的好彩頭，代表人們對長壽與健康的祈願。黃金魚卵象徵多子多孫、五穀豐收。醬煮小魚乾也是對豐收的期盼，敲牛蒡則是象徵扎根大地，穩定生活的心願。

此外，御節料理也會使用象徵日出的紅白魚板、出人頭地的鰤魚，和「歡欣喜悅」諧音的昆布，以及用彎腰模樣比喻長壽的蝦子。

裝滿這些吉祥彩頭菜餚的御節料理，是最適合迎接新年的年菜組合。御節料理原本是日本五大節日時，必吃的「節會料理」。五大節日稱為「五節句」，顧名思義一年有五次；換句話說，節會料理本是一年吃上五次的料理。

五節句分別是一月七日的「人日」、三月三日的「上巳」、五月五日的「端午」、七月七日的「七夕」和九月九日的「重陽」。

吃節會料理的習俗，來自在不同季節的節日與眾人分食供奉神明供品的習慣。因為日本人相信吃了供品就能分得神明的力量，獲得健康。

然而隨著時代改變，在季節交替的節日享用節會料理的習慣漸漸荒廢，只剩下最重要、內容也最豪華的正月節會料理。現在說的「御節料理」都專指正月節會料理了。

一般來說，御節料理都會裝在三層重疊的盒子（重箱）裡，分別稱為「一之重」、「二之重」、「三之重」，令人意外的是，這種盛裝食物的形式是明治時代之後才發展出來的。

七草粥

NANAKUSAGAYU

七草粥

正月的最後一道料理，
據說「吃了就不會生病」

為正月畫下句點的習俗

日本有在舊曆一月七日吃七草粥的習慣。七草粥裡的「七草」，一般是指芹菜、薺菜、鼠麴草、繁縷、稻槎菜、蕪菁、菜頭等名為「春之七草」的七種植物。據說在這天吃七草粥可保佑一年不生病，被視為對健康有益的吉祥食物。

七草粥的來源可上溯至平安時代。當時的人習慣在正月吃中國傳來的「七種粥」，七種的內容和現在的七草不同，指的是米、粟、黍、稗、芝麻、紅豆和薗草。後來粥的內容演變為七草，而初期七草的內容也不固定。

直到江戶時代，庶民養成吃七草粥為正月畫下句點的習慣，才開始確立使用今日七草粥的七種植物。

由此可知，吃七草粥的習俗，最早只是為正月畫下句點，和祈求無病健康等好彩頭沒有關係。

◆「七草」隱含的藥用效果

然而，也不能完全將食用七草粥的習慣視為迷信，因為七草確實各有其效用。舉例來說，芹菜具有健胃整腸、預防感冒的功效，薺菜能退燒和預防高血壓，鼠麴草可以止咳。將具有這些功效的七草煮成粥更有助於消化，也因為這樣，七草是藥膳料理中很受歡迎的食材。

一月七日正是人們在正月吃了太多年菜，身體又疏於運動，腸胃疲憊達到高峰的日子。為了讓腸胃休息，吃點有助消化的七草粥，說來也很合理。

此外，這個時期吃七草粥，還能彌補寒冷季節蔬菜攝取不足的缺點，有助於預防感冒。

食用七草粥的風俗習慣，除了為正月畫下句點，也是古時人們在一年初始為身體做好萬全準備的生活智慧。

カボチャ

KABOCHA

南瓜

冬至吃南瓜的習慣不只是迷信

◆用富含胡蘿蔔素的南瓜抵禦寒冬

大家都知道，一年當中日照最短的日子就是「冬至」。陽曆約十二月二十二日前後，寒冬才正要開始；也是從這一天起，春天的腳步就越來越近了。因此，這天被視為陰氣盡而陽氣生的「一陽來復」之日，中國古代曆法甚至以這天為一年的起點。

至於西洋，這段時間北半球各地都有召喚春天的儀式和祭典。十二月二十五日是基督的生日「聖誕節」，或許也可想成是古代冬至祭典與基督教文化的結合。

在日本，冬至習慣吃顏色如陽光般鮮黃的南瓜。這個習慣的起源不可考，只知江戶時代這習慣已普及民間，有「冬至吃南瓜，就不會感冒」的說法。

這說法並非毫無根據，南瓜富含胡蘿蔔素，能提高身體的抵抗力，因此能預防感冒。

此外，胡蘿蔔素也有預防眼睛疲勞、夜盲症和皮膚乾燥的效用。在日照時間短，空氣又乾燥的冬至時節，補充胡蘿蔔素是很符合邏輯的作法。

除了胡蘿蔔素，南瓜還含有豐富維生素C、維生素E、食物纖維和礦物質。即使在過去不懂得分析食物營養價值的時代，人們也憑經驗學到，南瓜是最適合用來抵御寒冬的食材。

再者，交通運輸不發達的時代，冬天很難買到新鮮蔬菜；南瓜雖是夏季收成的蔬菜，只要不切開就可存放到冬天，營養也不會流失，而且味道還越放越甜，變得更好吃。

話雖如此，放過了年的南瓜滋味難免還是會變差。為了不浪費貯藏起來的南瓜，趁冬至這段時間吃掉，也是一種來自生活智慧的飲食習慣。

粽・柏餅

CHIMAKI / KASHIWAMOCHI

粽子、柏餅

為什麼「兒童節」
關西人吃粽子、
關東人吃柏餅？

◆源自中國的端午節

十一月二十日是聯合國訂定的「世界兒童日」，這是為了紀念一九八九年十一月二十日聯合國總會通過「兒童權利公約」。而日本在更早之前，於一九四八年將五月五日訂定為慶祝兒童成長的「兒童節」了。

這個日子原本是平安時代，從中國傳來的節日之一「端午節」。端午的端代表「起始」，「午」則是「五」的意思。

五月五日前後，正好是開始插秧的時期，日本原來就有使用菖蒲或艾草，祛邪除厄的例行習慣。

這例行習慣與中國傳來的端午結合；到了鎌倉時代，因為「菖蒲」在日語中發音與「勝負」相近，因而衍生為「男孩節」。

描繪端午風光的江戶時代時事畫《兒童遊端午之熱鬧景象》。
（典藏於日本國立國會圖書館）

◆吃柏餅的習慣起源於關東

在日本的兒童節這天，關西人習慣吃粽子、關東人習慣吃柏餅慶祝。吃粽子的習慣，是和端午節一起從中國傳來日本的。粽子最早是中國戰國時代，供奉知名詩人屈原的供品。端午節吃粽子的由來，和下面這個故事有關。

紀元前二七八年，身為楚懷王近臣的屈原身陷陰謀，被放逐出國，投江自盡。人們為了憑弔他，便將供品拋入江中。不料某日屈原顯靈，表示「供品都被惡龍吃掉，無法送到自己手中」，希望民眾用惡龍畏懼的楝樹葉包起供品。

後來，中國人認為吃粽子可保佑無病無災，便衍生出端午時節將粽子分送親戚朋友的習俗。這就是端午節吃粽子的起源。

五月五日吃粽子的習慣，就這麼在日本關西地方流傳生根。

另一方面，當吃粽子的習慣傳入關西地方時，江戶人則以柏餅取代粽子，並就此普及開來。日本向來認為柏樹是神聖之木，將參拜神社時的擊掌拍手稱為「柏手」，認為神明棲宿於柏樹之上。

柏樹是一種新芽不生、舊葉不落的樹，在武士社會被視為多子多孫的象徵而受到重視。因此，關東人認為柏餅最適合慶祝屬於男孩的節日，就以柏餅取代了粽子。

關東、關西雖在同一節日吃不同的食物慶祝，但出發點同樣是祈求家中男孩無病無災。

出汁
DASHI

湯頭

水運的分歧
讓關東、關西湯頭大不同

◆連湯頭的喜好也有東西地區差異

昆布、柴魚乾、香菇、小魚乾……日本有很多用來熬煮湯頭的食材。一般來說，關東人喜用柴魚乾，關西人愛用昆布當湯頭基底。小小的日本卻連湯頭的喜好都有東西差異，原因可能與關東、關西水質硬度不同，以及昆布流通量的差異有關。

關東水質受到關東壤土層的影響硬度較高，無法充分引出昆布中鮮味來源的麩胺酸。此外，至昭和戰前為止，昆布在關東的流通率不太高，與其用昆布，關東人主要使用柴魚乾熬煮湯頭，再加上醬油調味。關東習慣用濃口醬油，熬煮的高湯口味紮實，顏色也比較深。

相較之下，關西水質硬度較低，能充分

江戶時代的水運

在關西地方，從江戶時代就有北前船運來大量昆布，交易量也大。

熬出昆布中的麩胺酸。再者，從江戶時代起，關西就有北前船運來大量昆布，對昆布的消費量大，也能輕易使用大量昆布熬煮湯頭；調味用的是薄鹽醬油，口味和顏色都比較清淡。

關西和關東在湯頭上的差異，也反映在兩地烏龍麵醬汁的味道上。關東與關西口味的分界，據說是岐阜的關原一帶。

事實上，從速食泡麵等食品，也能看出關東、關西口味的不同。大家應該都聽說過，「關東與關西杯麵湯頭的口味不一樣」吧。舉個例子，在日清出的「咚兵衛」（どん兵衛）泡麵包裝上就能找到「（E）」和「（W）」的標記。

這裡的（E）指的是East，也就是「適合關東口味」，（W）指的是West，也就是「適合關西口味」的商品。泡麵附的調味粉包，關東口味是以柴魚為基礎的重口味，顏色也較深；關西口味是以昆布為基礎，口味清淡，顏色也較淺。由此可看出，食品企業依不同地區消費者喜好所做的努力。除了日清泡麵外，許多銷售全國的食品廠商，都曾推出區別東西口味的商品。

おにぎり

ONIGIRI

飯糰

最常見的飯糰
為何不是圓球、圓柱狀，
而是三角形？

◆彌生時代已出現三角飯糰

一提到飯糰，多數人立刻想到的大概是三角飯糰吧。現代人可在便利商店或超市裡買到各式各樣不同口味的飯糰，其中大多是三角形。

然而，飯糰原本沒有固定形狀，除了三角飯糰，也有圓球狀或圓柱狀的飯糰。因為是用手捏製定型的飯糰，會捏成球形和圓柱狀也很自然。

一九八七（昭和六十二）年，石川縣能登半島鹿西町（現在的中能登町）發現彌生時代的「杉谷茶畑遺址」，在此出土了日本最古老的飯糰化石。這塊化石是狀如小石頭的碳化米塊，形狀為前端尖起的三等邊三角形。由此可知，日本在彌生時代就有三角飯糰了。

此外，這顆飯糰沒有被吃掉而成為化石保存下來，可推測它原本就不以食用為目的，而是製作來供奉神明的神饌。日本自古以來認為神明棲宿於山中，三角形又象徵山的形狀，三角飯糰或許可說是源自對神明的信仰。現今日本有些地方還留有喜慶節日時，製作飯糰供奉神佛的習慣，也可視為上述神饌的延續。

以這種方式誕生的飯糰，在奈良時代初期的《常陸國風土記》中已可看見，當時用的名詞是「握飯」。此外，江戶時代後期的《貞丈雜記》中也有「所謂屯食即為握飯」的記載，這裡的「屯食」指的是宮中舉辦儀式或宴會之際，賜給隨從或臣子的食物，被視為飯糰的前身。

還有江戶時代後期的《守貞謾稿》中，也有「三都（江戶、京都、大坂）形狀皆未固定，京都及大坂多做俵形（圓柱形），上面沾一點黑芝麻，江戶則多為圓形或三角形，很少使用芝麻」的紀錄。由此可知，三角飯糰在當時的江戶已很常見。

現在市面上販售的飯糰幾乎都是三角形，這是受到便利商店文化的影響，因為三角飯糰最方便食用與運送的緣故。

餅（其ノ二）

MOCHI

麻糬（之二）

從麻糬形狀看不同地域的飲食文化歷史

◆西日本的「丸餅」與東日本的「角餅」

從東日本移居西日本，或是反過來從西日本搬到東日本時，總會發現原先從沒想過的文化差異。麻糬的形狀就是其中之一。一般來說，東日本吃的麻糬多是方形的「角餅」，西日本則較常見圓形的「丸餅」。

這種差異的分界點，大概落在岐阜縣的關原附近。

為什麼會產生這種差異？有幾種不同的說法。

追根究柢，以前不僅西日本，整個日本的麻糬都是圓形的「丸餅」居多。麻糬是喜慶節日必備的食物，人們經常將對食材的感謝及祈求每天平安度過的心願，寄託在這類食物上。揉成圓形的麻糬象徵「圓滿生活」

的好彩頭，製作麻糬的人也就懷抱著這樣的心情，親手將麻糬一個一個揉成圓形的「丸餅」了。

後來東日本開始出現方形麻糬「角餅」的原因，或許出在關西盛行貴族文化，關東盛行武士文化的風氣差異。關東人向來有崇尚勇武的傾向，方形麻糬又被稱為「延餅」，因發音與「討伐（敵人）」相近，對關東人而言是討吉利的食物。

還有另一個決定麻糬形狀的說法，聽起來又更合理。

當時江戶為世界數一數二的大城市，麻糬的需求量高，一次需要生產很多。像關西那樣人工一個一個揉出圓餅的方式，實在效率不佳，於是改為直接將擀平的麻糬切成四方形的角餅，如此一來就能一口氣大量生產。這樣的背景或許是角餅成為關東麻糬主流，並影響整個東日本的原因。

那麼，為什麼角餅在西日本無法推廣呢？這是因為和東日本相比，西日本的氣候溫暖，食物更容易發黴。像角餅這樣有切口的麻糬，很快就會從切口處長出黴菌。反之，揉成圓形的丸餅因為沒有切口，不像角餅那麼容易發黴。

話雖如此，也有不符合上述分類傾向的地區。比方說，東北地方的山形縣庄內一帶，雖然地處東日本，這裡的人還是習慣吃丸餅。另有一說，認為這是受到

角餅與丸餅的分界線

西日本的麻糬大多是丸餅，東日本則是角餅。

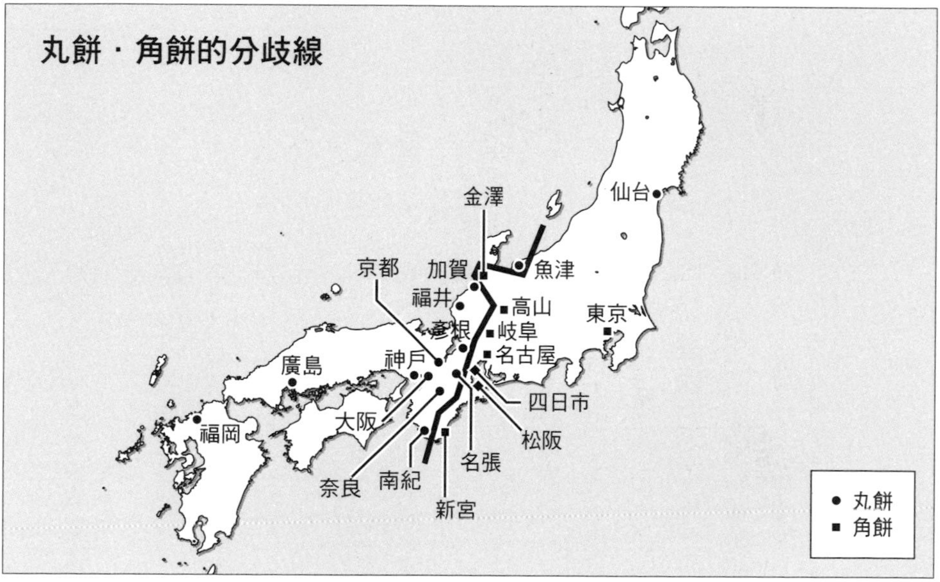

江戶時代北前船的影響，庄內是載滿來自京都與大坂物資的北前船停靠地，隨船從關西來的人很多，自然而然受到關西文化的影響。

光是一個麻糬的形狀，就能看出不同地區不同的飲食文化與歷史變遷。

鮪魚

マグロ
MAGURO

日本人最愛的生魚片種類，江戶時代卻乏人問津

◆今日的鮮美魚味，為何昔日負評一堆？

說到壽司中的高級魚料，就一定少不了鮪魚腹肉。其中，中腹肉比鮪魚瘦肉油脂更多、更美味，上腹肉又比中腹肉油脂更豐富好吃。

然而，江戶時代的鮪魚可不太受歡迎。尤其是油脂豐富的腹肉，人們總是看也不看一眼就丟掉。

當時鮪魚腹肉還有個「貓跨」的別名，意思是連最愛吃魚的貓對鮪魚腹肉都興趣缺缺，就算看到也只是一腳跨過，不屑去吃。鮪魚腹肉在江戶時代大眾的認知中，就是這麼難吃而不受好評的食材。

那麼，當時的江戶人喜歡吃的又是哪種魚呢？一七四六（延享三）年出版的手稿書

《黑白精味集》中，詳載著當時民眾對魚蝦貝類的喜好排名。

這份排名將魚分為上魚、中魚、下魚。舉例來說，上魚包括鯛魚、鮭魚、香魚、鰈魚等現代人也很熟悉的魚類，中魚包括章魚、花枝、竹莢魚、鰹魚、鰻魚等，而被評為下魚的則有沙丁魚、鯡魚、鯖魚、泥鰍，以及鮪魚。

整體來說，白肉魚的評價高，紅肉魚則多半排名較低。和現在不一樣，油脂豐富的紅肉魚對江戶時代的人而言，並非美味的食物。

原因和當時冷藏技術及貨運網絡尚未發達有關。

鮪魚的主要捕撈地是離江戶很遠的東北陸前、陸中漁港，在這裡捕獲的鮪魚送到江戶時已不夠新鮮。魚肉越是富含油脂越容易腐壞，像鮪魚這種油脂特別豐富的魚，更是動不動就酸臭腐敗，萬一吃了就會引起食物中毒。當時的人甚至有「鮪魚放越多天越毒（越不新鮮的鮪魚越毒）」的說法。

◆戰後，人們才愛上吃鮪魚腹肉

不僅是鮪魚，油脂豐富的紅肉魚對江戶時代的人們來說，就是容易引發食物中毒的食物。尤其不新鮮的魚肉還會發黑，看上去也不好吃，或許這是鮪魚不受歡迎的另一個原因。

此外，江戶人稱鮪魚為「志毘」，這在日語中的發音近似「死日」，武士對此有所忌諱，也造成江戶人對鮪魚的抗拒。

鮪魚在日本成為現今如此受歡迎的魚類，尤其魚腹肉深受大眾喜愛，是第二次世界大戰之後的事了。因為戰後電冰箱開始普及民間，交通運輸也越來越發達，到哪都能吃到新鮮的魚。

再者，日本人的飲食生活逐漸改變，飲食不再像從前那麼清淡，人們對食物口味的喜好也和從前不同了。

河豚

フグ FUGU

冒著死亡風險
也要吃的美味魚類

◆從「中了就會死」而來的「鐵砲」別名

河豚在日本是有名的高級食材。然而，吃河豚的文化舉世罕見，除了日本外，頂多只在韓國看得到。美國或加拿大等國家雖然也有人吃河豚，但屬於一般人不熟悉也不會吃的珍稀食材。至於包括英國在內的歐洲各國，則是明令禁止買賣食用河豚。

原因一如大家所知，因為河豚含有劇毒「河豚毒素」，據說其毒性可達氰酸鉀十倍以上。若吃下沒有經過適當處理的河豚，可能引發全身麻痺抽搐等中毒症狀，嚴重的話甚至導致死亡。

這麼可怕的河豚，日本人卻從繩文時代持續吃到現在。古代人並沒有去除河豚毒素的知識，也曾從出土遺跡中同時找到好幾具人骨和河豚骨頭，可見繩文時代就有吃河豚中毒死亡的情形。

進入桃山時代後，吃河豚中毒死亡的紀錄增加，到了江戶時代數量更是爆增。

在大阪，河豚素有「鐵砲」之稱。鐵砲在日文中是槍砲的意思，比喻吃河豚像被子彈打到，「中了就會死」。明知河豚這麼危險，日本人還是抵抗不了這種美味的魅力。即使有「河豚雖美味，生命價更高」的諺語，人們還是繼續戰戰兢兢地吃河豚。

話說回來，江戶時代吃河豚中毒死亡的大多是庶民，幾乎沒有武士。原因在於，當時的觀念認為「武士必須為主君死，死於食物太可恥」。要是有武士吃河豚中毒死掉，不但俸祿會被沒收，子孫也無法繼承武士身分；嚴格禁止武士吃河豚的藩主也不少。

現今法律規定，只有具備河豚調理師執照的人才可料理河豚，因此吃河豚不再是那麼可怕的事。不過，在沒有這種法律規範的古代，吃河豚可說是在賭命。

タコ TAKO

章魚

歐美人不太吃的人氣海味

在西方有「惡魔魚」之稱

在日本，章魚是經常使用的海產之一，可做生魚片、天婦羅、醋漬章魚，用來煮湯或關東煮；此外，它還是章魚燒的主角。由此可見，章魚在日本是非常普遍的食材，日本人吃章魚的歷史也很悠久。

目前無法判斷日本人從何時開始吃章魚，但至少在三世紀到六世紀的古墳時代遺跡中，已可找到類似章魚壺的陶器。繼續往上追溯，也有認為繩文時代已開始吃章魚的說法。

對照之下，除了義大利、西班牙和希臘等地中海沿岸國家外，西方國家將章魚稱為「惡魔魚」，對這種食物敬謝不敏。

章魚不受西方人歡迎的原因，首先應該

在於外表。章魚是軟體動物，柔軟扭曲的外型和魚類完全不同，對西方人來說，怎麼看都不像食材。

也有人因為宗教上的理由，不吃章魚或花枝等海鮮。《舊約聖經》的〈利未記〉和〈申命記〉都有提到關於食物的禁忌。海中或湖中的生物只能吃有鱗和鰭的，其他都不能吃。為了遵守這類宗教上的戒律，不只限於西方人，許多信仰虔誠的猶太教徒或伊斯蘭教徒都不吃章魚。

此外，章魚種類繁多，大的可長到三公尺這麼巨大。巨型章魚常出現在童話傳說或科幻小說裡，被描寫成襲擊船隻的海中怪獸，這似乎也是西方人抗拒章魚的原因之一。童年時代對章魚留下的恐怖印象，或許讓他們無論如何也不敢把章魚放進口中。

話雖如此，近來海外流行吃壽司或天婦羅等日本料理，使用章魚為食材的日本料理店增加，趁機嘗試吃章魚的外國人也增多了。

鯉 KOI

鯉魚

在中世紀的日本，
被視為比鯛魚
更吉利的淡水魚

◆鯉魚受到重視的原因

說到日本的魚中之王，鯛魚應該當仁不讓吧，畢竟連諺語都有「鯛魚臭了還是鯛魚」的說法。鯛魚不只美味，還有著美麗的紅色外觀，名字的發音又近似「可喜可賀」，是喜慶場合不可或缺的食材。

推測日本人大概從繩文時代就開始吃鯛魚了，從繩文時代的出土遺跡中也找到不少鯛魚骨頭。

平安時代，將乾燥後長期保存的「乾鯛」用來進貢京都。平安時代中期編纂的《延喜式》中，就曾提到為了準備天皇的御膳，要求各地人民納貢鯛魚之事。

不過進入中世紀後，鯛魚的地位有所改變，在日本人心目中，等級最高的魚從鯛魚變成了鯉魚。鯛魚還得排名在鯉魚之後。

背後原因在於社會變遷，當時的日本從貴族社會轉為武家社會。在中國，鯛魚的等級不高，反而鯉魚因為有「魚躍龍門」的傳說，象徵著出人頭地。受到中國這種思想的影響，進入武家社會的日本也開始將鯉魚視為吉祥動物。

正好此一時期，日本人開始吃生魚片，這也是鯉魚地位高過鯛魚的原因之一。因為當時交通運輸及冷藏技術尚未發達，鯛魚屬於海魚，只有在近海處才能吃到新鮮的魚肉。相較之下，屬於河魚的鯉魚更能新鮮供應，人們對鯉魚的評價也就高過了鯛魚。

進入室町時代之後，鯛魚的地位再次回升。此時交通運輸已漸漸發展，各地都能輕易取得新鮮鯛魚；加上取諧音討彩頭的習慣出現後，鯛魚重新受到重視。就這樣，江戶時代鯛魚再度登上最高級魚的地位。

江戶時代出版的《鯛百珍料理祕密箱》中，詳細說明烹飪鯛魚的方法，除了直接吃生魚片外，還有鯛魚飯、鯛魚麵（鯛魚麵線）等，也介紹了各地知名的鯛魚料理。此外，鯛魚還成為喜慶節日時的最佳贈禮，被日本人譽為漁業及商業之神的惠比壽神，手上拿的就是鯛魚。

すき焼き

SUKIYAKI

壽喜燒

明明是火鍋卻稱為「燒」，
日本人冬天必吃的料理

◆文明開化的「牛肉鍋」，曾幾何時變成了「壽喜燒」

聽到「今晚要吃壽喜燒」，不論大人、小孩，應該都會很開心。切成薄片的牛肉和蔥、豆腐、蒟蒻絲一起放進鐵鍋加熱，再用味噌及醬油調味，湯滾了之後，周遭瞬間充滿誘人食欲的香氣。

為什麼這道料理明明不是燒烤，卻有個叫「壽喜『燒』」的名字呢？這和日本人吃肉的歷史有關。

佛教傳入後，日本社會禁止殺生，吃肉成為禁忌。儘管如此，日本人還是會吃少數鳥類如雁鴨雞肉，也會吃山豬和鹿等野獸；雖然無法大大方方地吃，還是有人吃牛馬等獸肉。尤其在關西，多半將這類鳥獸肉類燒烤來吃，一律稱為「壽喜燒」。「壽喜燒」這名稱有好幾個由來，像是「在野外使用農具鋤頭的刃面當鍋子，將肉放在上面燒烤而得名」，或「以杉木箱燒烤的習慣訛傳而來」，以及「燒烤切薄的肉」等等[1]。

到了明治時代，吃肉的習慣隨西洋文化傳入日本。一八六九（明治二）年，政府設立「築地牛馬株式會社」獎勵畜產；一八七二（明治五）年，明治天皇品嘗牛肉的新聞傳遍全國，於東京及橫濱引爆一波吃牛肉鍋的風潮。人們將吃牛肉視為文明開化的象徵，紛紛相偕前往牛肉鍋店嘗鮮，讚嘆從未吃過的牛肉竟是如此美味。當時的牛肉鍋和現在的壽喜燒已是幾乎相同的料理。

料理研究家小菅桂子在著作《日本洋食物語大全》中提到，文明開化後，誕生於東京的牛肉鍋，傳入關西後改名為壽喜燒；之後壽喜燒的名稱又遍及全國，成為這種料理的通稱。

事實上，大正時代之後，幾乎日本全國統一稱這種牛肉鍋為壽喜燒了。當時，就連東京的牛肉鍋老店也都掛上壽喜燒的招牌。

原本「壽喜燒」一詞，指的應是「鋪平燒烤的牛肉」，現在已完全變成「使用牛肉的火鍋」，在海外更成為日本最具代表性的火鍋料理。

＊註1——壽喜燒的「壽喜」發音與「鋤」、「杉」及「薄」相近。

コロッケ

KOROKKE

可樂餅

最早的可樂餅
不是馬鈴薯做的

◆ 時髦的法國料理搖身一變為國民美食

將水煮過的馬鈴薯和炒過的絞肉拌在一起油炸做成的可樂餅，是日本很受歡迎的配飯菜餚。在超市或街角肉店都能買到，給人庶民家常菜的印象，殊不知可樂餅其實源自法國料理中的「Croquette」。

不過，明治時代從法國傳到日本的Croquette食譜，和現在日本常見的可樂餅並不相同。原本的Croquette，是將材料捏成小小的圓柱或橢圓狀後，加熱製作的料理。其語源是「咬著吃」的意思，烹調方式也不是裹上麵衣油炸，而是在表面沾滿細顆粒的麵包粉後用烤箱烤。

Croquette裡使用的食材更不是馬鈴薯，而是用牛奶、奶油和麵粉做成的白醬。換句話說，法國的Croquette更接近「奶油可樂餅」。此外，Croquette吃的時候也不沾伍斯特醬，通常會附上塔塔醬或番茄醬。雖然法國也有以馬鈴薯為原料的可樂餅，若說Croquette還是以這種奶油可樂餅為主流。

◆腸胃不好的日本人更適合吃馬鈴薯

那麼，為什麼奶油可樂餅沒有在日本流行起來呢？

或許在那之前，牛奶及乳製品並不是日本人熟悉的食物。儘管牛奶早已從古代中國傳入日本，十世紀時也有進獻朝廷的紀錄，大多還是做為藥用或在祭典儀式上使用，價格昂貴，一般庶民少有機會品嘗。

此外，喝下大量牛奶的日本人腸胃無法吸收，很多人因此腹瀉。和西歐人士相比，日本人沒那麼喜歡牛奶。

另一方面，馬鈴薯則從大正時代中期開始普及；明治時代末期，從美國進口了耐病蟲害又好栽培的男爵馬鈴薯，日本的馬鈴薯種植量大增，其鬆軟的口感也廣受日本人喜愛。

於是，肉鋪開始將賣相不好的肉切碎，再利用剩餘的豬油等材料，與馬鈴薯一起做成可樂餅。只要有油炸技術，不用烤箱也能做出這道料理，便宜又美味的可樂餅帶著時髦洋食的形象，在庶民之間大受歡迎。

馬鈴薯含有豐富維生素B_1，能預防腳氣病。嚴重的腳氣病有致死的危險，經常有士兵罹患腳氣病的海軍也積極將可樂餅納入伙食。

很快地，一般人也能在家自己做可樂餅了。大正末期到昭和初期，帝國劇場上映的舞台劇中有首〈可樂餅之歌〉，歌詞是這麼唱的：「喝到葡萄酒很開心，但端上桌的總是可樂餅。今天也吃可樂餅，明天也吃可樂餅……」足見可樂餅有多頻繁出現在當時日本人的餐桌上。

赤飯

SEKIHAN

紅豆飯

喜慶日吃紅豆飯的特別意義

◆紅色具有除魔的力量

日本有在喜慶節日吃紅豆飯[1]的習慣。一般來說，紅豆飯是用糯米和紅豆一起蒸熟，染成紅色的糯米飯，但不是所有地區都使用紅豆。

舉例來說，關東地方慣用豇豆，關西慣用紅豆，北海道及青森、長野則經常使用刀豆或花豆來製作紅豆飯。關東地方不用紅豆的原因是紅豆蒸過容易破皮，令人聯想到切腹，有不吉利的感覺。

即使不同地區使用不同種類的豆子，共通點都是用豆子和糯米一起蒸飯，將糯米飯染成紅色。

為什麼要特地把白色的米飯染成紅色呢？

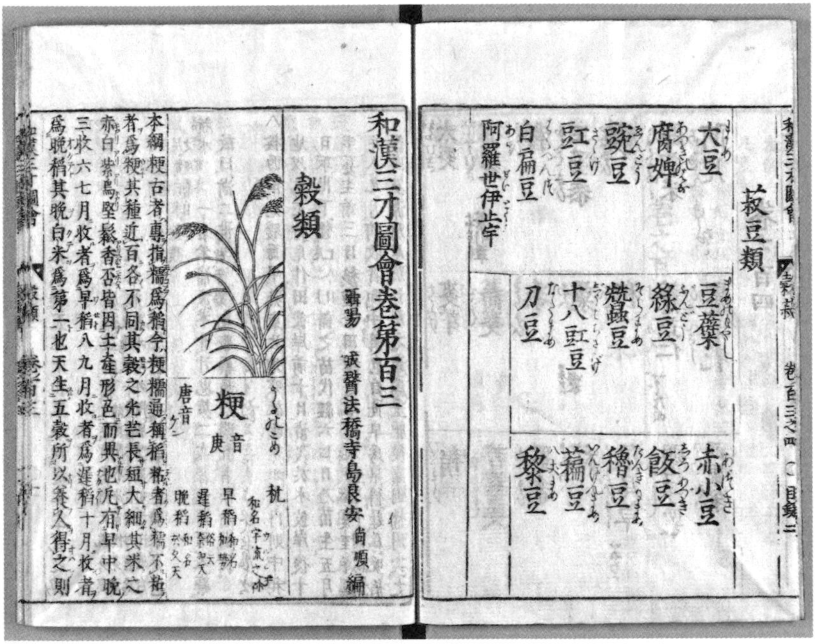
和漢三才圖會卷百三之四 目錄

菽豆類

大豆 腐婢 豌豆 豇豆 白扁豆 阿羅世伊止宇

豆蘖 綠豆 蠶豆 十八豇豆 刀豆

赤小豆 飯豆 穭豆 藊豆 黎豆

和漢三才圖會卷第百三

攝陽 城醫法橋寺島良安尚順編

穀類

粳 音庚

秔 和名宇流之祢

早稻 遲稻 晚稻

本綱粳古者專指糯爲稻今稉糯通稱稻粘者爲糯不粘者爲稉其種近百各不同其穀之先芒長短大細其米之赤白紫烏堅鬆香否皆因土產形色而異也凡有早中晚三收六七月收者爲早稻八九月收者爲遲稻十月收者爲晚稻其晚白米爲第一也天生五穀所以養人得之則

《和漢三才圖會》記錄了炊煮赤飯的方法：
「赤飯，約用糯米一斗與紅豆三升（糯米與紅豆的比例約為十比三）。」
（典藏於日本國立國會圖書館）

原因在於，日本人認為紅色代表太陽，是吉祥喜氣的顏色，能召喚幸福，還有除魔的力量。另外一點則是想藉此表達對祖先的感謝之意。

◆使用赤米是為了感謝祖先

稻米在繩文時代傳入日本。當時傳入的米有兩種，一種和現在我們吃的白米一樣是粳米，另一種則是生長於熱帶，類似野生種秈稻，顏色偏紅的「赤米」。但這種赤米和白米相較，除了不易生產，也不合日本人的口味。

就這樣，容易生產的白米漸漸成為主流，一直延續到今天。同時，赤米從室町時代起就不再做為食用米，只按照自古以來的供神習慣，少量生產做為供品使用。

到了江戶時代，日本幾乎不再栽培赤米，轉為將白米飯染成紅色的紅豆飯，當作供神用的祭品。十八世紀初期發行的《和漢三才圖會》中，即可看到製作赤飯時糯米與紅豆的比例為十比三的敘述，可見當時已用將白米染成紅色的方式製作紅豆飯。

即使平常吃的都是白米，在儀式或祭典等特別的場合，人們還是會食用仿古製作的紅豆飯，藉此抒發思古之情。這麼做除了祈求赤飯發揮除魔效果外，也有感念祖先的心意在其中。

用來將米染成紅色的紅豆，本身具備與赤飯相同的意義。日本人認為紅豆具有除魔的力量，古代宮廷也會用紅豆取代清水來除穢。或許可以說，日本人將代代相傳的信仰心，透過紅豆飯保留下來。

＊註1——日語寫成「赤飯」。

外郎糕

ういろう

UIRO

點心與藥，
兩種「外郎」存在的原因

◆「外郎」原是中國古代官職名稱

以名古屋及小田原名產為人所知的「外郎糕」，是一種用砂糖、米粉和葛粉混合後蒸製成的點心。

明明是點心，卻取了「外郎」這個名字，聽起來總有些不可思議。這也難怪，「外郎」的語源，其實來自中國元朝的官職名稱「禮部員外郎」，據說是負責管理藥品的官員。

外郎這個名稱在日本廣傳，是元朝滅亡時，原本擔任禮部員外郎的陳延祐亡命日本，歸化日本國籍之後的事。

陳延祐來到日本，化名「陳外郎」，定居福岡，將中國的醫術及藥學知識傳播給民眾。其中有一種號稱治萬病的藥叫「透頂香」，藥效廣受好評，甚至曾進獻給將軍。因為這種「透頂香」出自陳外郎之手，不知何時開始，就有了個「外郎」的稱呼。

做為藥物的「外郎」是這麼誕生的，當然它和做為點心的「外郎糕」是完全不一樣的東西。那麼，為何藥物和點心卻有著相同的名稱呢？

神奈川縣小田原市，有間與陳家淵源深厚的外郎糕專門店。西元一五〇四（永正元）年，陳家第五代一個叫藤右衛門定治的人，應小田原北条早雲徵召，來到城下製造販賣外郎。北条氏滅亡後，定治又接受江戶幕府保護。

事實上，做為點心的外郎糕，最早是服食藥物的外郎後，用來消除口中藥味的甜點。

近年，外郎糕除了使用白砂糖外，也出現加入抹茶或包紅豆餡等各種花樣。最早的外郎糕原料其實是黑糖，黑糖製成的黑色糕點和當作藥物使用的外郎同為黑色，起初一起被稱為「外郎」，後來「外郎糕」這名稱，也就慢慢固定下來。

キャラメル

KYARAMERU

牛奶糖

為戒菸者
發售的成人零食

◆配合喜好與風土民情而生的牛奶糖

對大多數日本人來說，一聽到「牛奶糖」，首先浮現腦海的應該是一九一三（大正二）年發售，一個多世紀以來深受日本人喜愛的那款長銷零嘴吧。黃色包裝盒裡裝著一顆顆四角形的牛奶糖，放入口中立刻湧現一股甜香。

牛奶糖的製造，始於發售前十二年的一八九九（明治三十二）年。為了製造牛奶糖，起初引進的是美國的甜點製作技術。沒想到，美國的牛奶糖因為加入大量牛奶與奶油，對日本人而言乳臭味太重且口味太濃厚，不合日本人的口味。不僅如此，美式牛奶糖還有個很大的缺點，因為口感非常軟，放在濕氣重的日本很容易融化黏手。

經過一再改良、研發，嘗試減少牛奶和奶油的分量，終於開發出小顆且偏硬的牛奶糖。接著，於一九一四（大正三）年上野公園舉辦東京大正博覽會時，推出像現在一樣裝在方便攜帶的紙盒中販售的牛奶糖，瞬間大受歡迎，廠商立刻決定正式製造銷售。

日本製牛奶糖就此誕生。不過，最早上市時的牛奶糖和現在不一樣，並不是給小孩子吃的糖果。當年的報紙廣告可以看到「專為想戒煙的紳士淑女特製，方便攜帶」等廣告詞，搭配紳士丟掉手中香菸，改拿牛奶糖的插圖。換句話說，當時的牛奶糖是以成人為對象的高級零食，而且還是戒菸用的輔助食品。

此外，由於牛奶糖營養豐富，軍方也採購做為士兵補充精力的食品。

牛奶糖是在進入昭和時代後，才成為小孩子的零嘴。工廠大量生產後，牛奶糖從專為大人製造的高級零食，成為小孩也唾手可得的平易零嘴。

日本茶

NIHONCHA

日本茶

原是寺廟內
才能喝到的國民飲料

茶文化源自榮西

說到最有日本特色的飲料，第一個想到的就是日本茶。然而在以前，茶可是只限特權階級才能喝的飲品。古代中國當成藥物使用的茶，於奈良時代傳入日本，當時也是屬於高級藥材，過了很長一段時間後，一般庶民才終於喝得起。

話說日本茶是如何從特權階級專屬飲料，普及民間的呢？

首先得從鎌倉時代說起，當時臨濟宗開山祖師榮西留學中國，歸國時將中國帶回的茶樹種籽種在背振山，這就是日本國內茶葉生產的起源，也開啟了禪寺僧人之間喝茶的習慣。對修行僧人來說，茶是非常重要的飲品。因為修行僧一天只吃兩餐，吃的又是素食，為了撐過空腹時的煎熬，他們得不斷喝茶以維持飽足感。

此外，茶中富含的咖啡因具有驅趕睏意的效果；修行僧們也從經驗中學到，喝茶能趕走修行當下來襲的睏意。就這樣，當時全日本最理解茶功效的，就是將茶帶入日本的榮西。他將製茶方法及茶的功效寫在《喫茶養生記》中，和茶葉一起將這本書進獻給當時的武家棟樑源賴朝。

鎌倉時代的史書《吾妻鏡》中，記載著榮西與鎌倉幕府第三代將軍源實朝之間的一個小故事。有一天，實朝因宿醉身體不適，得知此事的榮西奉上一杯茶，並且建議實朝「請喝這個，馬上就會神清氣爽，舒服許多」。喝下茶後，果然如榮西所言治好宿醉，實朝為之大喜。

◆江戶時代，喝茶文化普及庶民

於是，武士之間開始流行喝茶，各地紛紛開始建造茶園。室町時代，茶文化在武家社會流傳，比起喝茶帶來的好處和效果，舉辦茶會或鬥茶等遊興更加興盛。

進入江戶時代之後，喝茶文化如現在一般普及於庶民之間。江戶時代中期，宇治田原的永谷宗円開發了先將茶葉蒸過後，再加以乾燥的製作方法。

用這種製法做出的就是煎茶。煎茶出現後，泡茶變成一件輕鬆的事，不僅貴族與武士，一般民眾也開始養成喝茶的習慣。

從中國傳入日本時，還是只有特權階級才能喝到的貴重飲品，因為提高了產量與供給量而普及於庶民之間，這和紅茶在英國普及的過程非常類似。

食べ合わせ
TABEAWASE

食物搭配禁忌

食物搭配禁忌的科學根據

◆真的是預防中毒的智慧嗎？

在日本，自古就流傳著一起吃對身體有害的「食物搭配禁忌」。像是「天婦羅不能配西瓜」，或「鰻魚不能配酸梅乾」等，直到今天仍經常聽說。

其中當然也有站在科學角度，正確無誤的說法。比方說，剛才提到的天婦羅不能配西瓜，是因為同時吃油脂多和水分多的食物，容易造成消化不良，對腸胃造成很大的負擔。

然而，大部分的食物搭配禁忌都沒有科學根據，其中一個例子就是鰻魚和酸梅乾的組合。酸梅乾的酸能幫助分解鰻魚的油脂，搭配食用反而對健康有益。

為什麼會流傳這些「食物搭配禁忌」

呢？

追根究柢，關於「食物搭配禁忌」最早可回溯到的文獻，是平安時代中期的《和妙類聚抄》，裡面提到「鯉魚和蔥」不能一起吃。據說當時的這份紀錄，是根據中國本草學（植物研究）中陰陽五行的思想。

從此之後，食物搭配禁忌的例子漸漸多了起來。尤其進入江戶時代，飲食文化百花齊放，食物搭配的禁忌也隨之增加。本草學者兼儒學家貝原益軒在著作《養生訓》中，舉出了不少食物搭配禁忌的例子，其中大多數都是食材本身就不利消化，或是有脂肪含量過高，容易引起食物中毒等傾向。

舉例來說，鰻魚和天婦羅都是脂肪含量高的食物。「米糕和河豚不能一起吃」或「蕎麥麵和田螺不能一起吃」、「蛤蜊和松茸不能一起吃」等禁忌，則是因為河豚原本就有毒，田螺或蛤蜊這些貝類在某些季節也會釋放貝毒，抑或是容易腐壞；至於松茸則是原本就不好消化。

之所以出現這些食物搭配禁忌，很可能只是單純吃了對腸胃造成負擔的食物；因為吃壞了肚子，卻牽連一起吃的其他食材，結果被列入「食物搭配禁忌」名單。

参考文献

『日本食生活史（歴史文化セレクション）』渡辺実、『日本食物史』江原絢子、石川尚子、東四柳祥子、『民俗小事典　食』新谷尚紀、関沢まゆみ編、『「うつわ」を食らう：日本人と食事の文化（読みなおす日本史）』神崎宣武（以上、吉川弘文館）／『「和の食」全史：縄文から現代まで長寿国・日本の恵み』永山久夫、『人はこうして美味の食を手に入れた―飽くなき食欲が生んだ「発明・発見」の文化史（Ｋａｗａｄｅ夢新書）』小泉武夫（以上、河出書房新社）／『Ｑ＆Ａ食べる魚の全疑問：魚屋さんもビックリその正体（ブルーバックス）』高橋素子、『絵でわかる麹の秘密：An Illustrated Guide to secret of koji（絵でわかるシリーズ）』小泉武夫、おのみさ絵、『とっさのときに困らない　大人の食べ方＆マナー１００』小倉朋子、『日本料理の真髄（講談社＋α新書）』阿部孤柳、『日本料理の贅沢（講談社現代新書）』神田裕行、『日本の伝統　発酵の科学　微生物が生み出す「旨さ」の秘密（ブルーバックス）』中島春紫、『日本人の歴史第2巻―食物と日本人（講談社文庫）』樋口清之、『図解　マナー以前の社会人常識（講談社＋α新書）』岩下宣子（以上、講談社）／『日本料理の質問箱―こっそり聞きたい・いまさら聞けない』遠藤十士夫、『和食、洋食、中国料理のよくわかるテーブルマナーＢＯＯＫ』市川安夫、『知っておきたい和菓子のはなし』小西千鶴、『よくわかる日本料理用語事典』遠藤十士夫監修（以上、旭屋出版）／『テーブルマナーの本　日本料理』日本観光協会編著、『食べもの歴史ばなし』石井郁子、『味噌（柴田ブックス）』、『そばうどん知恵袋１１１題』そばうどん編集部編（以上、柴田書店）／『少しのコツで印象が変わる美しい食べ方：いつもの食事も大事な席もこの一冊で安心』、『日本酒の知識蔵：全国の酒造りが分かる（エイムック１８５１）』、『日本酒の基礎知識　食の教科書』、『今、知っておきたい日本茶の基本：おいしい日本茶には理由があります。（エイムック１９５２）』、（以上、枻出版社）／『和食のおさらい事典：意外と知らない知っておきたい』後藤加寿子、『やきとりと日本人　屋台から星付きまで（光文社新書）』土田美登世（以上、光文社）／『JAPAN CLASS　そう、これがニッポンって国なんだヨ！…のべ572人の外国人のコメントから浮かび上がる日本』、『JAPAN CLASS　そうそう！これがニッポンて国なんだよ！…のべ607人のコメントから浮かび上がる日本』（以上、東邦出版）／『「粉もん」庶民の食文化（朝日新書）』熊谷真菜、『たべもの文明考』大塚滋、『幕の内弁当の美学―日本的発想の原点（朝日文庫）』栄久庵憲司（以上、朝日新聞社）／『「和食」って何？（ちくまプリマー新書）』阿古真理、『にっぽん洋食物語大全（ちくま文庫）』小菅桂子（以上、筑摩書房）／『ニッポンの縁起食―なぜ「赤飯」を炊くのか（生活人新書）』柳原一成、柳原紀子、『マグロと日本人（ＮＨＫブックス）』堀武昭（以上、日本放送出版協会）／『日本めん食文化の一三〇〇年　増補版』奥村彪生、『日本料理とは何か：和食文化の源流と展開』奥村彪生、『巨大都市江戸が和食をつくった』渡辺善次郎（以上、農山漁村文化協会）／『日本の伝統文化しきたり事典』中村義裕（柏書房）／『だしの神秘（朝日新書）』伏木亨（朝日新聞出版）／『お箸の秘密』三田村有純（里文出版）／『くいもの―食の語源と博物誌』小林祥次郎（勉誠出版）／『すごい和食（ベスト新書）』小泉武夫（ＫＫベストセラーズ）／『たこやき』熊谷真菜（リブロポート）／『たべもの歴史散策』小柳輝一（時事通信社）／『「いただきます」を忘れた日本人　食べ方が磨く品性（アスキー新書）』小倉朋子（アスキー・メディアワークス）／『トコトンやさしい発酵の本（Ｂ&Ｔブックス今日からモノ知りシリーズ）』協和発酵バイオ株式会社編（日刊工業新聞社）／『にっぽん食探見』長友麻希子（京都新聞出版センター）／『はじめてのワイン』原子嘉継監修（西東社）／『英語でガイド！世界とくらべてわかる日本まるごと紹介事典』江口裕之（Ｊリサーチ出版）／『魚の発酵食品　改訂版（ベルソーブックス）』藤井建夫（成山堂書店）／『江戸前魚食大全：日本人がとてつもなくうまい魚料理にたどりつくまで』冨岡一成（草思社）／『焼酎入門（カラーブックス）』加治木義博（保育社）／『食に歴史あり～洋食・和食事始め』産経新聞文化部編著（産経新聞出版）／『食で知ろう季節の行事（親子で楽しむものしりＢＯＯＫ）』髙橋司（長崎出版）／『食べもの文化史 外国人に自慢したいニッポンの食』永山久夫（優しい食卓）／『図説　江戸時代食生活事典』日本風俗史学会編（雄山閣出版）／

『世界たべもの起源事典』岡田哲編（東京堂出版）／『知識ゼロからのワイン入門』弘兼憲史（幻冬舍）／『恥をかかない和食のマナー手帳（早わかりガイド）』（小学館）／『縁起物＝Lucky chaems：福を招くかたち（日本のたしなみ帖：和ごころ、こと始め。』『現代用語の基礎知識』編集部編（自由国民社）／『日本の食文化（中公文庫）』平野雅章（中央公論社）／『日本の風土食探訪』市川健夫（白水社）／『日本の洋食：洋食から紐解く日本の歴史と文化（シリーズ・ニッポン再発見）』青木ゆり子（ミネルヴァ書房）／『日本酒の教科書』木村克己（新星出版社）／『日本食の大研究：国際化する日本の文化：作って食べる調べ学習』（ＰＨＰ研究所）／『日本人の「食」、その知恵としきたり：なぜ、切れやすい年越そばが長寿の象徴なのか』永山久夫監修（海竜社）／『日本料理の食卓作法』日本ホテル・レストランサービス技能協会（キクロス出版）／『日本料理文化史─懐石を中心に』熊倉功夫（人文書院）／『納豆のはなし：文豪も愛した納豆と日本人の暮らし』石塚修（大修館書店）／『箸の作法』奥田和子（同時代社）／『本格焼酎をまるごと楽しむ！（知識まるごとシリーズ）』白川湧（新風舎）／『万国お菓子物語』吉田菊次郎（晶文社）／『和食に恋して─和食文化考』鳥居本幸代（春秋社）／『和食の常識Ｑ＆Ａ百科』堀知佐子、成瀬宇平（丸善出版）／『日本古代食事典』永山久夫（東洋書林）

參考網站

● 新聞網站

AERAdot.（株式会社朝日新聞出版）／BOOKSTAND（株式会社博報堂ケトル）／COMZINE（ＮＴＴコムウェア株式会社）／ダイヤモンド・オンライン（株式会社ダイヤモンド社）／GOTRIP!（タビィコム株式会社）／情報・知識＆オピニオンimidas（株式会社集英社）／JB press（日本ビジネスプレスグループ）／

kotobank（株式会社朝日新聞社）／NEWSポストセブン（株式会社小学館）／Rettyグルメニュース（Retty株式会社）／SankeiBiz（株式会社産経デジタル）／LATTE（株式会社ラクシーズ）／macaroni（株式会社トラストリッジ）／ヒトサラマガジン（株式会社USENMedia）／岩手日報（岩手日報社）／東洋経済オンライン（株式会社東洋経済新報社）／日本経済新聞 電子版（株式会社日本経済新聞社）／食品産業新聞社ニュースＷＥＢ（株式会社食品産業新聞社）

●新聞網站商品網站

ボンカレー公式サイト（大塚食品株式会社）／森永キャラメル（森永製菓株式会社）

●新聞網站 企業網站

キッコーマン株式会社／株式会社コロンバン／マルコメ株式会社／株式会社ういろう／株式会社カメリヤ／株式会社ヤマダフーズ／丸果石川中央青果株式会社／金印株式会社／株式会社会津屋／弘前は珈琲の街です委員会（成田専蔵珈琲店）／東京中央漬物株式会社／有限会社九重味噌／浦島海苔株式会社／長命寺桜もち／全国やきとり連絡協議会

●新聞網站團體網站

おにぎりＪａｐａｎ（一般社団法人おにぎり協会）／独立行政法人酒類総合研究所／全国和菓子協会／一般社団法人全国丼連盟／海苔ＪＡＰＡＮ（海苔で健康推進委員会）／全国漁連のり事業推進協議会／日本紅茶協会

Fantastic 025

日本和食考 連日本人都大驚奇的和食百科

原著書名 / 外国人にも話したくなる＿ビジネスエリートが知っておきたい 教養としての日本食
作者 / 永山久夫
翻譯 / 邱香凝
責任編輯 / 何若文
特約編輯 / 連秋香
美術設計 / 謝富智
版權 / 吳亭儀、江欣瑜、林易萱
行銷業務 / 黃崇華、賴正祐、張媖茜、賴玉嵐、郭盈均

總編輯 / 何宜珍
總經理 / 彭之琬
事業群總經理 / 黃淑貞
發行人 / 何飛鵬
法律顧問 / 元禾法律事務所 王子文律師
出版 / 商周出版
台北市104中山區民生東路二段141號9樓
電話：(02) 2500-7008 傳真：(02) 2500-7759
E-mail：bwp.service@cite.com.tw
Blog：http://bwp25007008.pixnet.net./blog
發行 / 英屬蓋曼群島商家庭傳媒股份有限公司城邦分公司
台北市104中山區民生東路二段141號2樓
書虫客服專線：(02)2500-7718、(02) 2500-7719
服務時間：週一至週五上午09:30-12:00；下午13:30-17:00
24小時傳真專線：(02) 2500-1990；(02) 2500-1991
劃撥帳號：19863813 戶名：書虫股份有限公司
讀者服務信箱：service@readingclub.com.tw
城邦讀書花園：www.cite.com.tw
香港發行所 / 城邦（香港）出版集團有限公司
香港灣仔駱克道193號超商業中心1樓
電話：(852) 25086231傳真：(852) 25789337
E-mailL：hkcite@biznetvigator.com
馬新發行所 / 城邦(馬新)出版集團【Cité (M) Sdn. Bhd】
41, Jalan Radin Anum, Bandar Baru Sri Petaling,
57000 Kuala Lumpur, Malaysia.
電話：(603)90578822 傳真：(603)90576622
E-mail：cite@cite.com.my
封面設計 / COPY
印刷 / 卡樂彩色製版印刷有限公司
經銷商 / 聯合發行股份有限公司 電話：(02)2917-8022 傳真：(02)2911-0053

2022年（民111）9月6日初版
2022年（民111）11月18日初版2刷
定價390元 Printed in Taiwan
ISBN 978-986-5482-91-6
ISBN 978-626-318-285-1（EPUB）

線上版讀者回函卡

國家圖書館出版品預行編目（CIP）資料

日本和食考/永山久夫著；邱香凝譯. -- 初版. -- 臺北市：商周出版：
英屬蓋曼群島商家庭傳媒股份有限公司城邦分公司發行,
民111.07 272面；14.8*21公分. -- (Fantastic；25)
譯自：外国人にも話したくなるビジネスエリートが知っておきたい教養としての日本食
ISBN 978-986-5482-91-6 (平裝) 1. 飲食風俗 2. 歷史 3. 日本 538.7831 110005051